袁枚的人生哲學

——率性人生

《中國人生叢書》前言

中國聖賢是一個神聖的群體。他們是思想智慧的化身，道德行為的典範，進取成功的象徵。他們或者以自己的思想學說影響歷史，併構成民族性格與靈魂；或者他們本身即親身創造歷史，留下光照千秋的業績。

但歲月流轉，時代阻隔，語言亦發生文句變化。更不用說人生代代無窮已，歷來學問家詮釋演繹聖賢學說，形成眾多門戶相左的學派，同時又相應神化聖賢事跡。於是，聖賢便高居雲端，使常人可望不可及，只能奉為神明，頂禮膜拜。

然而，消除阻隔，融匯古今，無論學問思想，或者智勇功業，如此二者常常並不是分離的，且必然是人生的，為社會人生而存在的。這就是聖賢學說、智略、勇氣、運籌、奔走、苦鬥、成功的經驗、失敗的教訓，乃至道德文章，行為風範，也體現為一種切實的人生。因為聖者賢者也是人。

這是一種存在，無須多說甚麼。但存在對每一個人並不意味著親切，也不意味著自覺。我想聖賢人生與我們這些凡夫俗子的人生加以聯繫。聖賢不正是一個凡夫俗子，經許多努力，經許多造就，才成其為聖者賢者的嗎？

當然還有一個重要方面，時世使然矣，這就是歷經漫漫千年的中古時代，又歷經憂患求索的百年近代，世界文化已在衝擊中國人的生存方式。該如何確立中國人的人生路，我總認為無論是作為一種一脈相承的文化淵源，還是作為一種參照與啟迪都莫如了解中國聖賢人生，莫如將我們平凡的人生從聖賢人生與學說找到佐證，找到圭臬。所謂古人不見今時月，今月曾經照古人。正是由此理解，由此思忖，我嘗試撰寫了《莊子的人生哲學》，問世以來即引起讀者的關注與歡迎。並且成為我組織一套《中國人生叢書》的直接引線。

我大致想好了，依然如《莊子的人生哲學》一樣，一書寫一聖賢人物。我還不揣譾陋，以我的《莊子的人生哲學》為範本，用一種隨筆的文體與筆調，古今結合，史論結合，聖賢人生與凡生結合，我還要求每一位作者對他所寫的聖賢人物，結合自己的人生閱歷對聖賢寫出獨特的人生體驗。我請了我的多位具卓越才識的朋友，他們都極熱心地加盟這套書的寫作，並至順利完成。

現在書將出版了，我需感謝我的朋友們，感謝出版社，希望更多的讀者喜歡他。

揚帆

《中國人生叢書》前言附語

《中國人生叢書》原先所寫的對象具為中國歷史上聖賢人物的人生哲學，如老莊、孔、孟等。因之《中國人生叢書》前言亦是交代這一部分書若干種的來由。

實際「中國人生」是一個涵蓋更為豐富廣闊的概念，這是明白的。因之，揚智文化事業股份有限公司的葉忠賢先生擬擴大它的規模，至少在內涵上應與「中國人生」更相符合些，這是自然的。無論是循名責實，還是作為實業上的某種建樹，出版者這樣想都是順理成章的。當然，從讀者這方面考慮，中國人文史漫漫數千年，寫人生哲學也不應只有這幾位聖賢人物，應該給讀者更廣闊的視野，更寬廣的精神空間。此亦情理之中的事。如此，本叢書又引進《曹操的人生哲學》、《李白的人生哲學》、《袁枚的人生哲學》等諸種，相應說明如下：

1.原來《中國人生叢書》聖賢諸種再加現在諸種，即為《中國人生叢書》的全部。

2.後續所加人物，其人生品格與聖賢是有差別的，這一點不言自明。

3.為保持此叢書的形式統一，前言不變，特加此「附語」加以說明，亦祈讀者諸君明鑑。

揚帆

於廣濟居

目錄

說文論史

話說袁枚

袁枚的同時代人袁穀芳，在給袁枚的一封信裡說：「鉛山蔣心餘編修，於近來名公中，雅敬先生，然亦僅品爲六朝中人。」「天下之知先生者，不過曰才子而已，其甚知者，不過曰文人而已。」袁穀芳意在爲袁枚抱不平，但平心而論，袁枚確乎是個富於六朝名士氣的文人，給予過高的推崇，並不恰切，也與袁枚的人生態度不符。

且讓我們走得更近些，能夠比較親切地領略他的風采。

天才少年

也堪斯馬談方略，還是騎牛讀《漢書》。
新詩買得剛三月，舊雨吹來似六朝。

袁枚（一七一六—一七九七），字子才，號簡齋。因他一生中的大部分時間都住在小倉山的隨園，故世稱隨園先生。晚年亦自號爲倉山居士，或自稱隨園老人、倉山叟。比較起來，「隨園」是他最爲人熟悉，也最富名士情調的稱呼。

作爲天才少年，袁枚對詩的領悟力是超常的。他九歲學詩，至十五時，詩已寫得相當不錯。其〈詠懷詩〉云：「也堪斯馬談方略，還是騎牛讀《漢書》。」〈春柳詩〉云：「新詩買得剛三月，舊雨吹來似六朝。」當時即膾炙人口。

乾隆元年（一七三六），袁枚二十一歲。這年，他因出色的才情而獲得了一次輝煌的際遇。據姚鼐〈袁隨園君墓志銘〉記載，袁枚從錢塘到廣西，去看望在巡撫衙門中做幕僚的叔父。巡撫金鉷，一見便視之爲「大器」，以「銅鼓賦」命題考他。袁枚當即寫成，文采不俗，碰巧這時朝廷開設博學鴻詞科，便舉荐了他。這事留給袁枚的印象極深，後來寫《隨園詩話》的頭一卷中便是：「乾隆丙辰，余二十一歲，起居叔父於廣西。撫軍金震方先生一見有國士之目，特疏荐博學鴻詞，首叙年齒，再誇文學；並云：『臣朝夕觀其爲人，性情恬淡，舉止安詳。國家應運生才，必爲大成之器。』一時司道爭來探問。公每見屬吏，談公事外，必及余之某詩某句，津津道之，並及其容止動作。余在屏後聞之竊喜。探公見客，必隨而竊聽焉。呈七排一首，有句云：『萬里闕前修荐表。百官座上嘆文章。』蓋實事也。」許多年過去了，而袁枚連一些細節都還記得那麼清晰，由此不難推想他「喜」的程度。

袁枚到北京去參加博學鴻詞科的會試，他興高采烈，對未來充滿了明麗的憧憬。清代由皇帝特詔舉行的博學鴻詞科共二次。一次在康熙己未年，稱己未詞科。參加考試的共一百四十三人，計錄取一等二十人，二等三十人，比例很大，並且全都授爲翰林官。另一次在乾隆丙辰年，稱丙辰詞科。參加考試的共二百零二人，被錄取的卻僅二十人，一些著名學者如桑調元、顧棟高等均鎩羽而歸。袁枚參加的是丙辰詞科的會試。所有的應試者，除袁枚外，年齡都在六十歲以上。相形之下，更顯得年少翩翩。同時，袁枚以己未詞科的錄取情況爲參照，估計自己一定能被錄取，內心裡愈益高興。他無論如何沒有想到，自己竟名列於落榜者之中！袁枚〈與備之秀才第二書〉以沮喪的筆調寫道：「金中丞奏荐鴻詞科，心乃婡婡然喜，以爲可長辭時文矣，不料此科亦報罷。……」

這是天才少年袁枚的一次重大人生挫折。

「一聲臚唱九天聞」

一聲臚唱九天聞，最是三珠樹出群。我愧牧之名第五，也隨太史看祥雲。

在袁枚的人生旅途中，一再使他春風得意的，偏偏是他極不喜歡、也極看不起的八股文。

雍正五年（一七二七），袁枚才十二歲，即和業師史玉瓚一起中了秀才。人們都稱許他的聰明，他的年邁的祖母，尤視之爲掌上明珠。其〈重赴泮宮〉詩曾追敘說：「……憶昔袁絲年十二，簪筆學趨童子試；門前已送好音來，階下還騎竹馬戰。其時學使王交河，面取經書諷倍多；李泌圍棋雖未賦，何郎雅樂已能歌。一番正試兩番覆，道路爭觀人簇簇；喧傳泮水出芹芽，豔說童蒙充棫樸。巍巍雙闕聖門開，將命疑從闕黨來；並行敢逐先生後（受業師史玉瓚先生同入學），倚寵仍眠大母懷。諸姑伯姊欣欣到，替我梳頭向我笑；看著青衿試短長，勸拖錦帶休顚倒。恭逢先帝御明堂，服釆先頒詔數行；已入黌宮換短褐，更教雀弁耀銀光（雍正四年奉旨各官帽上加珊瑚水精諸頂，生監用銀）。東家笞兒苦相羨，西家奪壻招相見；童子方增滿面羞，佯采花枝弄筆硯……」十二歲的秀才，當然會有這樣的寵遇；因爲，根據統計，中秀才的平均年齡爲二十四歲。袁枚整整提前了十二年。

乾隆三年（一七三八），袁枚二十三歲，考中舉人。這比中舉的平均年齡（三十歲）提前了七年。其〈舉京兆〉詩云：「信當喜極翻愁誤，物到難求得尙疑。一日姓名京兆舉，十年涕淚桂花知！泥金挂壁春來早，賀客遮門月去遲。想見故圓燈火夕，老親望眼正穿時。」以疑慮來反對喜悅，詩人頗善於用筆。

乾隆四年（一七三九），袁枚二十四歲，進士及第，選庶吉士散館，入翰林院。這比中進士的平均年齡（三十五歲）提前了十一年。錦上添花，愈加意氣不凡。其〈臚唱〉詩說：「一聲臚唱九天聞，最是三珠樹出群。我愧牧之名第五，也隨太史看祥雲。」〈瓊林曲〉亦云：「舊僕重談上學時，新知各寫同年錄；此時意氣似雷顚，此際連鑣渺列仙……。天家待士有恩光，高唱三雍賜六漿；湯餅紅綾色奪月，御廚瓊粒影浮霜。……寄語燈窗苦志人，人生此處來宜早，舊時兩鬢不簪花，帘幕低遮油壁車。糟糠未娶恰曾聘，莫誤朝官選婿家。」

同年，袁枚「乞假歸娶」。這正應了「洞房花燭夜，金榜題名時」的俗語，其〈杭州五首〉借一個輿夫之口叙及袁枚當日的得意情狀：「道我新婚時，渠曾推壻車；翩翩小翰林，容色如朝霞。」另一些詩句如：「嬌痴小妹憐兄貴，教把宮袍著與看。」「慚愧少年貧裡過，玉堂春在洞房先。」「忙煞蘭台一枝筆，半修眉史半催妝。」無不洋溢出少年得志的歡快情緒。

也許不應忽略，八股文為袁枚帶來了花團錦簇的人生，而袁枚卻對八股文充滿了輕蔑和厭惡之意。袁鑑《袁太史稿·序》云：「家兄簡齋先生，性不喜時文，雖髫年入學，旋即食餼，秋闈受荐，終覺於此事不工。直到弱冠召試博學鴻詞，報罷後，不得已，仍為干祿之文，……」袁枚〈與俌之秀才第二書〉也承認：「齒漸壯，家貧，兩親皤然，前望徑絕，勢不得不降心俯首，惟時文之自攻。又慮其不專也，於是忍心割愛，不作詩，不作古文，不觀古書，授館長安，教今稽相國家七歲童子，朝朝瞿瞿，寢食於斯，於無情處求情，於無味處索味，如交俗客，強顏以求歡，半年後於此道小有所得。」

如果說，上面的這些議論還只能表明袁枚不喜歡八股文的話，那麼，袁枚的〈答戴敬延進士論時文〉則對八股文的身價極力予以貶低，眞夠得上無以復加了。袁枚指出：從古以來的文章，都是述說自己的心得體會，沒有代替古人說話的。只有八股文和戲曲，卻以描摹別人的聲口作爲本領。比如，扮演王孫賈，便極力渲染討好灶王爺的妙用；扮演淳于髡、微生畝，便極力指摘孔子、孟子的過失。好像演員一會兒是主角，一會兒是小丑，一會兒是忠臣孝子，一會兒又成了淫婦奸臣，這正說明了八股文的體裁卑下。如果認爲八股文可以闡明事理，很有價值，那麼，戲曲中的不少傳奇故事，能鼓動城鄉平民謳歌吟誦，惹得婦女小孩們流淚哭泣的，其功效比八股文當超出百倍。爲何詩集中寧可收入溫庭筠、李商隱、韓偓談情說愛的詩，卻不收入王孝子尋親、楊椒山寫本的戲曲，原因何在呢？在於這裡不是評論道德的內容，而是首先評論文章體裁的緣故。袁枚的這些話，歸結起來，意思是：八股文只是「優孟衣冠」，它不能表達作者本人的眞實思想、眞實情感，因而地位卑下。

短暫的「俗吏」生涯

此去好修循吏傳，當年枉讀上清書！三生弱水緣何淺？一宿空桑戀有餘！手折芙蓉下人世，不知人世竟何如！

袁枚入翰林院後，因爲年輕，被指定學習滿文，但他學得不好。二十七歲那年，其滿文課程考試不及格，結果由翰林外放爲江蘇省溧水縣知縣。這是一次難以承受的挫折。回首翰林院的聲光榮譽，袁枚不勝悵惘之感。其〈改官白下留別諸同年〉詩云：「青溪幾曲近家居，天許安仁奉板輿。此去好修循吏傳，當年枉讀上清書！三生弱水緣何淺？一宿空桑戀有餘！手折芙蓉下人世，不知人世竟何如！」〈謁長吏華歸而作〉詩寫得也很傷感：「初持手版應官去，大府巍巍各識荆；問到出身人盡惜，行來公禮我獨生。書銜筆慣字難小；學跪膝忙時有聲。晚脫皀衣歸邸舍，玉堂回首不勝情」。

袁枚做了知縣，雖然老大不情願，倒也盡職盡責，政績頗佳。姚鼐〈袁隨園君墓志銘〉記有一件很生動的事：先生（袁枚）第一次出任溧水縣令時，他的父親從浙江來到溧水，擔心兒子年輕，沒有做官的才能，便隱瞞了眞名到民間訪問。百姓都說：「我們縣有個年輕的袁知縣，是個極好的官。」父親聽了，才高興地到縣衙裡去。袁枚曾將這事寫入一首詩，題爲〈聞香亭宰正陽再以詩寄〉：「我昔知溧水，阿爺客桂林。得信買舟歸，慰我迎養心。慮我年尙小，居官力不任。入境帶草冠，貌作路過叟，召集翁若媪，問某官賢否？曰『是翰林耶？年才廿八九。折獄最聰強，居心頗慈厚。』一村復一村，好字不離口。爺聞不易服，騎驢直上堂。……」

從二十七歲到三十三歲，袁枚先後擔任過溧水、江浦、沭陽、江寧知縣。據姚鼐〈袁隨園君墓志銘〉說：袁枚在江寧時，常常是白天辦理公事，夜晚召集讀書人飲酒賦詩，因而留傳的事跡特別多。江寧書坊把袁枚判案的文書和寫的詩刊刻後到處流傳，袁枚卻以爲不值一提，根本不希望人們述說他的政績。在姚鼐筆下，袁枚這位縣令過得非常瀟脫的。其實這是表面現象。只要讀讀他的〈俗吏篇〉，就能體會到縣令生涯的忙碌和辛苦。〈俗吏篇〉云：「……老母迎養病在衙，有子不見常千里。爲言不見良如何，朝朝五鼓車馬馱；參謁大吏苦迎送，應答賓客時奔波。金陵內城六十里，約略一轉時光過。歸來但見燈兩廊，夕陽同下如牛羊。嫋孀崽子樣滿道，牽裾各各陳衷腸。但恨長官歸來晚，不知長官未餐飯。忍飢息氣排衙坐，欲決不決頭屢顧；既恐羈遲轉累民，又恐倉皇事多誤。亂絲抽割將下堂，獨有秀才呈文章；使君既自翰林出，不加禮貌非循良。星落更沉風轉緊，薄書束束如春筍；滴墨研硃細討論，吏胥乘間獨舞文。回首紛紛幕府進，公事俏張多報信；岸獄稍寬逸數囚，倉穀逢霉爛一寸。抽簿共言糧不足，願把蒲鞭聊示辱；已從漏盡解衣裳，重整精神任敲撲。倦極酣眠門又響，失火民呼公速往；抽豐賓客太無聊，重疊書來請絕交。……」事務如此繁重，沒有過人的精力和才幹是應付不了的。

乾隆十三年（一七四八），袁枚三十三歲。這年，對袁枚極爲賞識的尹繼善由江南總督調廣東總督，未到任，又升吏部尙書協辦大學士。尹推荐袁枚任高郵太守，卻在部議時被駁回。本就不樂意做「俗吏」的袁枚，大概因此更加堅定了辭官的決心，適逢母親患病，遂以侍奉母親爲由，解組歸隱於小倉山的隨園。此後他一直過著隱居生活，僅在三十七歲時以知縣起發陝西，時間不到一年。

山水癖

焚香掃地詩詩成，一笑登山倚杖行。愛替青天管閒事，今朝幾朶白雲生？

隨園故址在今南京市小倉山，原是康熙年間的江寧織造隋赫德的花園，袁枚以三百金購得，改名隨園。改名的依據，按袁枚〈隨園記〉，理由如下：

隨園原名隋園，是因爲建園的姓隋。我做江寧知縣時，隋園已經坍塌荒廢，園中的房屋成了酒店，僕役小廝們喧呼叫鬧，對此，連禽鳥也覺得討厭，不肯在那裡築巢，花卉亦荒蕪凋謝，不在春風中開花。我用官俸把它買下來後，便隨著地形在高處興建江樓，隨著地形在低處興建溪亭；隨著溪澗兩岸架設小橋，隨著溪流建造小船；隨著地勢的中間高四邊低，用假山做點綴；隨著樹木的茂密或稀疏，修造相應的房屋；有時著意突出景物，有時又適當遮掩景物；一切隨其天然條件增添布置，隨其自然風物選取景觀，所以叫它隨園。「隋」、「隨」音同而義別。

小倉山的地理位置是相當好的。南面有雨花台，西南方有莫愁湖，北面有鍾山，東面有治城，東北方有明孝陵，雞鳴寺。登上小倉山，這些景觀全都呈現在眼前，不是小倉山本身的風景，也成了小倉山的風景了。

袁枚非常喜歡隨園。其〈隨園記〉曰：「使吾官於此，則月一至焉；使吾居於此，則日日至焉；二者不可得兼，捨官而取園者也。」寧「捨官而取園」，於是袁枚辭去了江寧縣令的職務，領著堂弟香亭、外甥湄君把書籍史卷搬進園中定居下來。

袁枚的山水癖，不僅表現在「捨官而取園」上，尤其表現在，他隱居隨園後，還經常遠出遊山玩水，六十歲以後，出遊更爲頻繁。天台雁宕、黃山、盧山、羅浮、桂林、衡山、瀟湘、洞庭、武夷……每一處都留下過他的足跡。甚至在八十歲那年，還曾出遊四明、雪竇。正如袁枚自己所說：「遨遊二萬里，東南山川，殆被麻鞋踏遍。」這是令讀者格外欣羨的。

袁枚的山水癖，是他名士氣質的鮮明呈現。佳山勝水，本是自古以來就存在著的，但兩晉以前，士大夫階層並未給予熱情關注。士大夫不關心山水之美，是因爲他們的心靈尚未與山水建立契合點。孔子說：「仁者樂山，智者樂水」，這是將山水視爲人生的附庸，是實用性地用人生奴役自然，其結果必然導致對山水之美的漠視，因爲，山水的實用性是極低的，尤其是那些只能作爲景觀的山水。至魏晉名士，其看法就顯然不同。他們並不用人生奴役自然，而是以自然來擴展自我的人生：自然是純淨的，玄遠的，而現實是污濁的，凡近的，因此，走向自然，就是擺脫凡近，就是賦予人生以超塵脫俗的意味。《世說新語》有〈棲逸〉一門，從其中的一些片斷，不難見出，當時人對岩穴之士或無與世事之士是極度欽慕嚮往的。而他們所以推重岩穴之士，又是因爲岩穴之士超越世俗，能夠「得意」於自然山水之間。這樣，對山水之美的追尋便具有了與庸俗、凡俗、醜陋的現實世界對立的蘊含，富於超越傾向的名士階層，因此更執著地寄情於山水。他們空前敏銳地欣賞著足跡所至（主要是東南地區）的自然景觀；他們甚至用山水之美來形容人的風度，而這類形容只有那些超塵脫俗的優秀人士才能得到。試讀

《世說新語・言語》的幾則：「裴令公……見山巨源，如登山臨下，幽然深遠。」「王公目太尉，岩岩清峙，壁立千仞。」「世目周侯，嶷如斷山。」超塵脫俗，名士與山水在這一點上契合了。山水美的發現是中國名士的創獲。與魏晉名士一樣袁枚的山水癖植基於他對唯美境界的偏愛，其〈登山〉詩：

焚香掃地待詩成，一笑登山倚杖行。
愛替青天管閒事，今朝幾朵白雲生？

所謂「管閒事」，即體現了一種「無與世事」的情懷又如〈花下〉詩：

花下壺觴月下歌，風中鶴氅雨中蓑。
律嚴自累詩成少，園小翻嫌客到多。
古石疊高雲漸起，新池開闊水微波。
看儂如此山中住，可肯簪纓換薜蘿？

袁枚不肯改變隱士的身分去做官，便是其唯美主義處世態度的顯現。

「情欲主義」的信奉者

在袁枚的人生哲學中，「情欲主義」是格外重要的內容之一。

袁枚的朋友趙翼，寫過一篇遊戲文章，「戲控袁簡齋太史於巴拙堂太守」。其控詞云：「園倫宛委，佔來好水好山；鄉覓溫柔，不論是男是女。盛名所至，軼事斯傳。」「婚家花燭，使劉郎直入坐筵；妓宴笙歌，約杭守無端闖席。佔人間之豔福，遊海內之名山。」「結交要路公卿，虎將亦稱詩伯；引誘良家子女，蛾眉都拜門生。凡在臚陳，概無虛假。雖曰風流班首，實乃名教罪人。」趙翼雖是開玩笑，但也不以袁枚的做法爲然。

與趙翼的「戲控」成爲對照，史學理論家章學誠則是義憤塡膺地斥袁枚爲「無恥妄人」。其〈丁巳劄記〉云：「近有無恥妄人，以風流自命，蠱惑士女，大率以優伶雜劇所演才子佳人惑人。大江以來，名門大家閨閣多爲所誘，徵詩刻稿，標榜聲名，無復男女之嫌，殆忘其身之雌矣。此等閨娃，婦學不修，豈有眞才可取？而爲邪人播弄，浸成風俗，人心世道，大可憂也。」

趙翼和章學誠所說的確概無虛假，袁枚本人也不隱諱「以風流自命」的事實。只是，袁枚認爲「情欲」並非壞東西。且看看他的〈清說〉一文中的兩段話：

天下之所以叢叢然望治乎聖人，聖人之所以殷殷然治天下者，何哉？無他，情欲而已矣。老者思安，少者思懷，人之情也。而老吾老以及人之老，幼吾幼以及人之幼者，聖人也。好貨好色，人之欲也，而使之有積倉，有裹糧，無怨無曠者，聖人也。使衆人無情欲，則人類久絕，而天下不必治；使聖人無情欲，則漠不相關，而亦不肯治天下。後之人雖不能如聖人之感通，然不至忍人之所不能忍，則絜矩之道，取譬之方，固隱隱在也。……

自有矯情者出，而無故不宿於內，然後可以寡人之妻，孤人之子，而心不動也。一餅餌可以終日，然後可以朘民之膏，減吏之奉，而竟不回也。謝絕親知，僵卧無所避，然後可以固位結主而無所躊躇也。己不欲立，而何立人？己不欲達矣，而何達人？故曰：「不近人情者，鮮不爲大奸。」

袁枚這兩段話，振振有詞，具有一種雄辯的力量。提倡近情，並以此爲他的「情欲主義」辯護，初聽起來，頗能打動人。不過，袁枚的「情欲主義」，只針對男子，而不針對女性。他是個男性中心論者，其〈愛物說〉有云：「婦人從一而男子可以有媵侍，何也？曰：此先王所以扶陽而抑陰也。狗彘不可食人食，而人可以食狗彘，何也？曰：此先王所以貴淸而賤濁也。二者皆先王之深意也。」

從這種以男子爲本位的享樂主義出發，袁枚的私生活並不檢點，對他的髮妻王夫人也較少表現出平等的愛戀之情。直到乾隆二十九年，袁枚四十九歲，大病了一場，才意識到他往日有對不起髮妻之處。其〈病中贈內〉詩云：

宛轉牛衣卧未成，老來調攝費經營；
千金盡頭群花笑，一病才徵結髮情。
碧樹無風銀燭穩，秋江有雨竹樓淸；
憐卿每問平安信，不等雞鳴第二聲。

所謂「一病才徵結髮情」，表明病中的袁枚，眞正感受到了夫妻之間超出於

「欲」之外的情分。人生的許多方面是「情欲」所不能涵蓋的。強調和突出一個方面，這是袁枚所長，也是袁枚所短。

以文人自命

袁枚以絕世獨立的勇氣宣稱：文學自文學，政教自政教，文學有其獨立於政教之外的價值。

「一為文人，便不足道。」這是古代中國的經典說法之一。中國的知識階層，對於扮演重要社會角色具有強烈持久的熱情。他們的人生理想首先是入世的，而所謂入世，又集中指向「濟天下」的目標：「正心、誠意、修身、齊家、治國、平天下。」在這一人生理想中，包括了三個核心層面：道德、政治與處世技巧。修身是個人的道德秩序的建立；齊家是個人道德秩序在家族或宗族中的推廣；治國平天下一方面可看作個人道德秩序轉化為政治倫理秩序，另一方面又與適宜的處世技巧分不開。一個人在社會上是否重要，大抵視他與這三位一體的結合物之間的疏密程度而定。所以，中國古代的讀書人，其人生目標從來不是爲了僅僅做一名文人，而是要「學成文武藝，貨與帝王家」；他們即使埋下頭來著書立說，心裡也是想著天下、國家：孔子著《春秋》，意在使亂臣賊子懼；司馬光撰通史，索性名爲《資治通鑑》。

生活在上面所說的精神氛圍中，中國古代的文藝理論，常常強調「須有關係」，即文學必須有益於政教，有益於世道人心，否則即無價值。

但袁枚卻以絕世獨立的勇氣宣稱：文學自文學，政教自政教，文學有其獨立於政教之外的價值。他在〈答友人某論文第二書〉中說：「夫物相雜之謂文。布帛菽粟，文也；珠玉錦繡，亦文也。其他濃雲震雷，奇木怪石，皆文也。足下必以適用爲貴，將使天地之大，化工之巧，其專生布帛菽粟乎？抑能使有用之布帛菽粟，貴於無用之珠玉錦繡乎？人之一身，耳目有用，鬚眉無用，足下其能存耳目而去鬚眉乎？是亦不達於理矣。」〈答朱石君尙書書〉也說：「孔門四科，因才教育，不必盡歸德行一門，此聖門之所以爲大也。宋儒硜硜然將政事、文學、言語一繩捆束，驅而盡納諸德行一門，此程朱之所以爲小也。」這些明白暢快的議論，都表達了一個意思：文學有其獨立的價值，它不必依賴於政教。

以文人自命，袁枚集中精力寫詩文，寫小說，寫隨筆，寫尺牘，……著作等身，取得了令人矚目的成就。我們除了佩服袁枚的天才與勤奮外，對他那種執著於文學藝術的精神，理應給予更多的敬重。袁枚《全集編成自題四絕句》（之一）寫得好：

七令上學解吟哦，垂老燈窗墨尚磨。
除卻神仙與富貴，此生原不算蹉跎。

這首詩所顯示的，正是文人的豪邁氣象！較之「百無一用是書生」的牢騷，這些話當然鏗鏘得多，有力得多。

性靈的舒展

豁達先生

豁達是以安閒靜定的風度面對生活，所以能處變不驚，從容不迫地應付種種危急局面。

謝安是中國歷史上的著名人物，支撐東晉政局達數十年之久。其性格特徵之一即是豁達。據《世說新語·雅量》記載：謝安隱居東山時期，一次與孫綽等人泛海遊戲。忽然風浪大起，孫、王等人急得臉色都變了，紛紛提議把船划回去。謝安神情正旺，只顧吟嘯，沒有作聲。舟子因見謝態度安閒，心情喜悅，便繼續向前划個不停。過了一會，風更大，浪更猛；大家沉不住氣了，口裡吵著，有的站起身亂動。謝公這才慢慢說道：「既然這樣，就回去吧。」從這件事，人們看出謝安的器量足以安定全國上下。

俗話說：「見怪不怪，其怪自敗。」又說：「天下本無事，庸人自擾之。」

謝安以安閒靜定的風度面對生活，所以能處變不驚，從容不迫地應付種種危急局面。袁枚對「豁達」的性格亦十分鐘情，《子不語》卷四〈鬼有三技過此鬼道乃窮〉便是專為「豁達先生」喝彩的。大意是：「豁達先生」呂某嘗過泖湖西鄉，天漸黑，見婦人面施粉黛，貿貿然持繩索而奔，望見呂，走避大樹下，而所持繩則遺墜地上。呂取觀，乃一條草索，嗅之，有陰霾之氣，心知為縊死鬼，取藏懷中，徑向前行。其女出樹中，往前遮攔，左行則左攔，右行則右攔。呂心知為俗所稱「鬼打牆」是也，直衝而行。鬼無奈何，長嘯一聲，變作披髮流血狀，伸舌尺許，向之跳躍。呂曰：「汝前之塗眉畫粉，迷我也；向前阻拒，遮我也；今作此惡狀，嚇我也。三技畢矣，我總不怕，想無他技可施。爾亦知我素名豁達先生乎？」鬼仍復原形，跪地曰：「我城中施姓女子，與夫口角，一時短見自縊。今聞泖東某家婦，亦與其夫不睦，故我往取替代。不料半路被先生截住，又將我繩奪去，我實在計窮，只求先生超生。」呂問作何超法，曰：「替我告知城中施家，作道場，請高僧，多念『往生咒』，我便可托生。」呂笑曰：「我即高僧也。我有『往生咒』，為汝一誦。」即高唱曰：「好大世界，無遮無礙，死去生來，有何替代！要走便走，豈不爽快！」鬼聽畢，恍然大悟，伏地再拜，奔趨而去。後土人云：此處向不平靜，自豁達先生過後，永無爲祟者。

「豁達先生」受到這樣的喝彩是當之無愧的！他不僅自己未遭鬼的毒手，而且爲鬼指出了一條方便的超生之路，此後泖湖西鄉也安寧無患。「豁達先生」手中有什麼法寶嗎？有的。即是性情豁達。

「豁達」的效用如此之大，讀者或許會由此聯想到關於謝安的另一故事。

《世說新語·雅量》說的是：

某日，桓溫一面在夾壁中埋伏武士，一面擺設酒席，招待滿朝文武，想借機殺害謝安、王坦之。王很著急，問謝有何應變良策。謝舉止如常，對王說：「東晉存亡，在此一行。」兩人遂一同前往。王的恐懼表情，一眼便可看出；謝卻比往日更顯得從容安閒，走上台階，坐進席位時，正學著洛陽書生吟詩的調子，吟嵇康的「浩浩洪流，帶我邦畿」。桓溫忌憚他這種豁達的風度，感到神秘莫測，於是促令解除伏兵。以往謝、王齊名，經過這次事件，分出了高低。

的確，沉著鎮靜，在危急關心能夠從容不迫地應付局面，這是所有偉人必備的素質之一；因爲，即使是在日常生活中，「豁達」也能幫助我們取得更多的成功。

與「豁達」成爲對照的是「拘忌」。疑神疑鬼，動即有礙，庸人自擾，洋相百出，在生活中只能扮演喜劇角色。茲錄《子不語》卷十四〈拘忌〉一則，以饗讀者：

塞侍郎某，性多拘忌，每遇人談有「死」、「喪」二字，必作噴嚏以啐散之。路逢殯柩，則急往親友家，解下衣帽，撲散數次，以爲將晦氣撒在人家，與己無與矣。又薛生白，常往李侍郎家看病，清晨往侍，至日午始出。侍郎以面向內，以背向外，兩公子扶之而行。坐定診脈，口答病源，終不回頭。薛大駭，疑其面有惡疾，故不向客。問其家人，家人云：「主人貌甚豐滿，並無惡疾，所以然者，以某日喜神方在東故，不肯背之而出；又是日辰已有沖，故必正午方出耳。」

天下本無事

俗語有云：「見怪不怪，其怪自敗。」

又云：「天下本無事，庸人自擾之。」

「天下本無事，庸人自擾之。」讀了袁枚講的幾個故事，我們也許會更加信服這句格言。

第一個故事，〈飛星入南斗〉，見《子不語》卷十二：

蘇松道韓青岩，通天文，嘗爲予言：「宰寶山時，六月捕蝗。至野田中，四鼓起坐胡床，督率書役，見客星飛入南斗。私記占驗書：『見此災者，一月之內當暴亡；法宜剪髮寸許，東西禹步三匝，便可移禍他人。』爾時我即揮去書役，依法行之。居亡何，署中司書記者李某，無故以小刀剖腹而死，我竟無恙。李乃我荐卷門生，年少能文，不料爲我替災，心爲悵然。」余戲謂韓曰：「公言占驗之術固神矣，然如我輩全不知天文，往往夜坐見飛星來往甚多，倘有入南斗者，竟不知厭勝法，爲之奈何？」曰：「君輩不知天文者，雖見飛星入南斗，亦無害。」余曰：「然則公又何苦知天文，多此一事，而自福禍人耶？」韓大笑不能答。

故事中的韓青岩是知天文的。據他說，知天文者，如見客星飛入南斗，一個月之內就會突然死亡，避災的唯一辦法是移禍他人；而不知天文者，即使看到飛星入南斗，也無妨害。照此推論，精通占驗之術，純屬多事，因爲這只有壞處，沒有好處。

第二個故事，〈櫻桃鬼〉，見《子不語》卷六：

熊太史本僦居京師之半截胡同，時秋風怒號，斜月冷照……忽幾上鏗然擲一酒杯，再鏗然擲一酒杯，熊笑曰：「偷酒者來矣！」俄而一腿自東窗進，一目、一耳、一手、半鼻、半口；一腿自西窗進，一目、一耳、一手、半鼻、半口：似將人身當中分鋸作兩半者，皆作藍色。俄合爲一，睒睒然怒睨帳中，冷氣漸逼，帳忽自開。熊起，拔劍斫之，中鬼臂，如著蔽絮，了無聲響，奔窗逃去。熊追至櫻桃樹下而滅。次早，主人起，見窗外有血痕，急來詢問，熊告所以。乃斬櫻桃樹，焚之尚帶酒氣。窗外有司閽奴，老矣，既聾且瞽，所臥窗榻乃鬼出入經過處，杳無聞見，鼾聲如雷。熊後年登八旬，長子巡撫浙江，次子監司湖北。常笑謂人曰：「余以膽氣福氣勝妖，終不如司閽奴之聾且瞽尤勝妖也。」

太史熊本的話，雖是玩笑，卻具至理：憑藉膽氣福氣戰勝妖怪的人，比起對妖怪不聞不見的人來，畢竟稍遜一籌。因爲，天下本無事，何必強分勝敗？何必費心勞神？

第三個故事，〈吳秉中〉，見《子不語》卷十八：

吳秉中，居葵巷，故予舊宅鄰也，延汪名天先生訓其子侄。月夜至館中閒談，見牆上有一老翁，長尺許，白髮銳頭，坐而效其所爲，吳吃煙叟亦吃煙，吳拱手叟亦拱手。以爲大奇，呼汪先生觀之，先生所見無異；其侄錫九往觀，無所見。是年秋，秉中與汪俱死，而錫九至今獨存。

見鬼者死，不見鬼者生。既然如此，又何必庸人自擾，自惹麻煩？妖由人興，鬼由人興，只要我們心地坦蕩，人生就會一片澄明。

袁枚性通脫

姑妄言之姑聽之，豆棚瓜架雨如絲。料應厭作人間語，愛聽秋墳鬼唱時。

袁枚一再明確表示他不信佛，但《子不語》卷二十〈滾經台〉一則卻給人佞佛之感：

貴州平越府署內有石台，高七尺，藏佛經十六幅，全書「梵」字，讀之不可解。相傳太守訊獄，有事關重大而犯人不伏者，則取經鋪地，令犯人在經上滾過。理直者，了然無害；理屈者，登時目瞪身僵。數百年來，官恃以斷獄，而獄囚亦無敢輕滾經台者。張文和公第五子景宗，性素愎，抵任後，以為妖，拆台焚經。是年兩子死，次年公亡。

〈滾經台〉強調藏佛經的石台不可觸犯，犯之者即有災禍；這樣的故事，與通常的佛教宣傳品幾乎沒有什麼區別。不信佛的袁枚怎麼會寫這樣的小說？其實，這正是袁枚的「通脫」之處。

相傳，北宋文豪蘇軾喜歡要求熟人講鬼怪故事，熟人若說沒有，蘇子便笑道：「姑妄言之，姑妄聽之。」意思是：你隨便編吧，我又不眞的相信。清初王士禎題蒲松齡《聊齋志異》云：

姑妄言之姑聽之，豆棚瓜架雨如絲。
料應厭作人間語，愛聽秋墳鬼唱時。

這也是強調一種超脫的態度：作者志怪，注重的是情趣；至於其蘊含則不盡符合作者的人生觀，這倒是無關緊要的。袁枚的「通脫」，體現出頗爲典型的藝術家的氣質。

除了《子不語》外，《隨園詩話》中也有幾則令不諳底細的讀者疑心袁枚信佛，如〈補遺〉卷五第六六則，〈補遺〉卷七第二則等，茲錄〈補遺〉卷五的這一則：

焦山釋擔雲，海鹽人，能詩。初至焦山，謂人曰：「此我舊居之地。」人不之信，後游五州山，見壁間〈宋故宮〉詩云：「玉殿塵埋王氣終，鳳凰已去鳳林空。西湖歌舞浮雲外，南渡江山落照中。古寺有僧吟夜月，野花無主泣春風。劫灰五百餘年後，暮草荒煙思不窮。」曰：「我之舊作也。」山僧驚異。告曰：「此焦山僧朗月之詩，寂去已三十三年矣，其風度語言，與君相似。」後示寂焦山枯木堂。詩稿散失。

一位讀者批評說：「這個擔雲和尚完全是個騙子。」袁枚把這些誑話載入《詩話》，並還鄭重其事地說到擔雲之死：「後示寂焦山枯木堂，詩稿散失。」這是表明袁枚相信有來世。當然這位讀者或許太天眞了些，因爲袁枚雖然記事，但並不一定表示本人就相信確有其事；擔雲和尚可能是個騙子，但袁枚卻未必是個受騙者。

得心禪師破戒

酒肉穿腸過，佛在當中坐。

袁枚多次提到得心禪師。如《隨園詩話》補遺卷一第一七則：

人饋得心大師雞子四十，師大呑咽。人笑之。師作偈云：「混沌乾坤一口包，也無皮血也無毛。老僧帶爾西天去，免在人間受一刀。」

所謂「雞子」，即雞蛋。一位讀者在讀了這則詩話後，不禁感嘆道：「好一個饕餮和尙！如此貪饞，獨自解嘲，安見其平時不茹毛飲血？」；「茹毛飲血」是指捕到禽獸連毛帶血吃，如同太古之時的人們那樣。

這位讀者顯然誤解了得心禪師。因爲《續子不語》卷四〈禪師呑蛋〉明明有這樣的敘述：

得心禪師行腳至一村乞食，村中人皆淺薄，尤多惡少年，語師曰：「村中施酒肉，不施蔬笋。果然餓三日，當備齋供。」至三日，請師赴齋，依舊酒肉雜陳。蓋欲師飢不擇食，以取鼓掌捧腹之快。師連取雞蛋數個吞之，說偈曰：「混沌乾坤一口包，也無皮血也無毛。老僧帶爾西天去，免受人間宰一刀。」衆人相顧若失，遂供養村中。

一位連酒肉都不吃的禪師，哪會連毛帶血地吃禽獸呢？

至於得心禪師的偈語，確屬自我解嘲。按照佛家的戒律，和尚只能吃素，不能吃葷，而雞蛋是被劃入「葷」類的。但得心禪師很會爲自己辯護，他說：「我所以吃雞蛋，是發大慈悲，免得雞蛋裡孵出雞來，受人宰割。」如此幽默而充滿智慧的偈語，一向偏愛「風趣」的袁枚自是欣賞備至了。

清代梁紹壬的《兩般秋雨庵隨筆》卷六〈和尚破葷〉記載：

人饋得心大師雞子若干枚。師大吞咽，作偈曰：「混沌乾坤一殼包，也無皮骨也無毛。老僧帶爾西天去，免在人間受一刀。」是大慈悲，大解脫。張獻忠攻渝，見破山和尚，強之食肉。師曰：「公不屠城，我便開戒。」獻忠允之。師乃食肉，說偈曰：「酒肉穿腸過，佛在當中坐。」是大功德，大作用。

只要內心高潔，就不必在乎外在的戒律。

不好佛而所言有佛意

灌花時雨來，彈琴山月至。天地亦偶然，往往如吾意。

袁枚賦性通脫，崇尚自然。他曾在〈不飲酒〉一詩中宣稱：

平生行自然，無心學仁義。
婚嫁不視曆，營葬不擇地。
人皆為我危，而我偏福利。
想作混沌人，陰陽亦相避。
灌花時雨來，彈琴山月至。
天地亦偶然，往往如吾意。

袁枚對佛的態度也是如此。一般人都佞佛、信佛，指望以此得好處。袁枚對佛卻是不屑一顧的。《隨園詩話》卷十四第七〇則：

余游天台諸寺，僧多撞鍾鼓，請余禮佛。余不耐煩，書扇示之云：「逢僧我必揖，見佛我不拜。拜佛佛無知，揖僧僧現在。」王夢樓見之，笑曰：「君不好佛，而所言往往有佛意。」陳梅岑〈贈朱竹君〉云：「游山靈運常攜客，闢佛昌黎也愛僧。」

不僅不耐煩禮佛，而且說出「拜佛佛無知」的話來，可謂大不恭敬。但這正體現了佛教的精神。原來，禪宗格外強調思想的獨立性和創造性，反對依賴和盲從一切外在的權威，包括佛祖。所謂「大器者，直要不受人惑，隨處作主，立處皆眞」（大丈夫絕不應受人的迷惑。不論他走到哪裡，他都是自己的主人。他完全是獨立的！）便是對禪宗獨立性原則的強調。所以，王夢樓才會說袁枚雖「不好佛，而所言往往有佛意」。

在日常生活中，袁枚也保持了一種無所疑畏、坦蕩自然的氣象。《子不語》卷十七〈天台縣缸〉載：

天台縣署中，到任官空三堂而不居，認與一缸居之，相傳爲前朝故物。缸有神靈，能知人禍福。凡縣尹到任，必行三跪九叩禮祭之，否則作祟。官當升遷，則缸先憑空而起，若有繫之者；當降革，則缸先下陷，漸入土中。平時缸離地寸許，從不著土，余心疑焉。……以扇擊之，聲鏗然，以竹片試其底，毫不能入，並非離地者。鍾公駭然，余笑曰：「我擊之，我試之，缸當禍我，不禍君也。」已而寂然。此缸載《天台縣志》中。

一口被載入《天台縣志》的缸，其「神靈」是得到公認的。但袁枚偏不拿它當回事。「以竹片試其底，毫不能入，並非離地者」，使「平時缸離地寸許，從不著地」的「神話」露出了破綻。非但不「行三跪九叩禮祭之」，還意帶輕蔑地「以扇擊之」，而缸竟不能給袁枚帶來災禍，則缸之無「神」更顯而易見了。袁枚敢於向那些煞有介事的「神靈」挑戰，確有佛家所倡導的大無畏氣概。

《續子不語》卷三〈打破鬼例〉寫得尤其風趣。李生的話說得妙極了！無論陰間還是陽世，其中的許多「例」（規則）都是多餘的，只是庸人自擾的產物。李生勸某鬼打破鬼例，鬼照此辦理，「從此竟不再來」，可見打破規則是不要緊的。另外，《隨園詩話》卷十六第五則云：余在廣東新會縣，見憨山大師塔院，聞其弟子道恆，為人作佛事，誦詩不誦經。和王修微女子樂府云：「剝取蓮房蓮子冷，一顆打過鴛鴦頸。鴛鴦頸是睡時交，一顆留待鴛鴦醒。」殊有古趣。圓寂後，顧赤芳徵士哭之云：「已沉千日磬，獨滿一床書。」

作佛事例當誦佛經，道恆卻總是誦詩；禪僧首先應戒的就是「色」，道恆卻與女詩人唱和；這種破「例」的行爲，也許是袁枚欣賞他的原因之一？

還我未生時

天公忽生我，生我復何為。無衣使我寒，無食使我飢。還你天公我，還我未生時。

詩有見道之言，如梁元帝之「不疑行舫往，惟看遠樹來。」庾肩吾之「只認己身往，翻疑彼岸移。」兩意相同，俱是悟境，王梵志云：「昔我未生時，冥冥無所知。天公忽生我，生我復何爲。無衣使我寒，無食使我飢。還你天公我，還我未生時。」八句，是禪家上乘。

這一則見於《隨園詩話》補遺卷十。王梵志，衛州黎陽（今河南浚縣）人，其在世年代的下限爲唐玄宗開元以前。他的詩，以五言的形式，以濃郁的民間氣息，表達他對生活的評價，頗有韻味。這一首「還我未生時」，被袁枚譽爲「禪家上乘」，理由是什麼呢？

據說六祖慧能曾要求向他求佛的人：「把你未生之前的本來面目給我看。」宋代的另一位禪師則如此發問：「當你死後，燒成了灰，而灰又撒盡之後，我們在何處相遇？」

一個說未生之前，一個說死了之後，都指的是沒有邏輯和語言干預的境界。我們生活的根本問題是邏輯和語言解決不了的。正如鈴木大拙所說：「不論對任何題目我們做任何陳述，只要它仍舊訴諸邏輯性的處理方式，它就無可避免是停留在意識層面。智力在日常生活中可以供我們許許多多用途，甚至於到達毀滅個體或整個人類的地步。無疑，它是一種最有用的東西，但它卻無法解決我們每個人在生命過程中終必要遇到的最終問題。這個問題即是生與死的問題，而這關乎著生命的意義。」面對這一問題，意識是無能爲力的，邏輯和語言是無能爲力的，我們必須用完整的生命去體驗。這個完整的生命，未受意識的束縛，未受邏輯和語言的斫傷，保持了「未生時」的所有活力與元氣。

「還我未生時」，回到沒有意識干預的境界去！

袁枚不信風水

寄語形家莫浪驕，《葬經》一部可全燒，汾陽祖墓朝恩掘，依舊榮華歷四朝。

袁枚一向不信風水之說。其《隨園詩話》補遺卷六第四三則載：人言：「黃巢、李闖，俱因毀墓而敗，非風水之驗否？」余道：此等「逆賊」，雖不毀其墳，亦必敗也。因口號一詩，以曉世人云：「寄語形家莫浪驕，《葬經》一部可全燒，汾陽祖墓朝恩掘，依舊榮華歷四朝。」

袁枚的這首詩寫得相當雄辯有力。《葬書》是風水先生的經典，相傳是晉代的郭璞所作。南宋詩人楊萬里曾提出質疑說：「郭璞精於風水，宜妙選吉地，以福其身，以利其子孫；然身不免於刑戮（郭璞爲桓溫所殺），而子孫卒以衰微，則其說已不驗於其身矣。而後世方誦其遺書（指《葬經》）而尊信之，不亦惑乎！」袁枚沒有像楊萬里這樣對郭璞發難，但他指出：郭子儀（汾陽）的祖墓被魚朝恩發掘，照樣四朝榮華不斷，足見風水之說不可信。

明代馮夢龍《古今譚概》中有篇〈光福地〉，諷刺那些迷信風水的人，很有趣。大意是：袁了凡好談風水，一次訪地至光福，問一村農道：「聽說這一帶有好墓地？」村農說：「小人生長在這裡，三十多年了，只見做官的來選地，不見做官的來上墳。」袁聽了，默然而去。如今，迷信風水的人越來越多，眞該讓他們讀讀這則笑話。

袁枚《子不語》卷三〈介溪墳〉記：

嚴介溪爲其妻歐陽氏卜葬，召門下風水客數十人，囑曰：「吾富貴已極，尙何他望？只望諸君擇地，生子孫能再如我者而甘心焉。」諸客唯唯。未一月，有客來云：「某山有穴，葬之，子孫貴壽與公相埒。」介溪命群客視之。一客獨曰：「若葬此，子孫雖貴，但氣脈大遲，恐在六七世後耳。」俱以爲然。介溪買成，開穴，中有古墳墓志，摩視之，即嚴氏之七世祖也。介溪大駭，急加封識。然自此嚴氏大衰，且籍沒矣。此事嚴後裔名秉璉者所言。

這則志怪故事似包含有風水靈驗意味。但袁枚寫《子不語》，採取的是蘇軾那種姑妄言之，姑妄聽之的態度，他本人是不惑的，讀者也萬不可惑。

棺床的故事

久住人間去已遲，行期將近自家知。老夫未肯定歸去，處處敲門索輓詩。

陸秀才遐齡，赴閩中幕館。路過江山縣，天大雨，趕店不及，日已夕矣。望前村樹木濃密，瓦屋數間，奔往叩門，求借一宿。主人出迎，頗清雅，自言沈姓，亦係江山秀才，家無餘屋延賓。陸再三求，沈不得已，指東廂一間曰：「此可草榻也。」持燭送入。陸見左停一棺，意頗惡之，又自念平素膽壯，且捨此亦無他宿處，乃唯唯作謝。其房中原有木榻，即將行李鋪上，辭主人出，而心不能無悸。取所帶《易經》一部，燈下觀至二鼓，不敢息燭，和衣而寢。少頃，聞棺中窸窣有聲，注目視之，棺前蓋已掀起矣。有翁白鬚朱履，伸兩腿而出。陸大駭，緊扣其帳，而於帳縫窺之。翁至陸坐處，翻其《易經》，了無懼色，袖出煙袋，就燭上吃煙。陸更驚，以為鬼不畏《易經》，又能吃煙，眞惡鬼矣。恐其走至榻前，愈益諦視，渾身冷顫，榻為之動。白鬚翁視榻微笑，竟不至前，仍袖煙袋入棺，自覆其蓋。陸終夜不眠，迨早主人出問客：「昨夜安否？」，強應曰：「安，但不知屋左所停棺內何人？」，曰：「家父也。」，陸曰：「既係尊公，何以久不安葬？」，主人曰：「家君現存，壯健無恙，並未死也。家君平日一切達觀，以為自古皆有死，何不先為演習，故慶七十後，即作壽棺，厚糊其裡，置被褥焉。每晚必卧其中，當作床帳。」，言畢，拉赴棺前，請老翁起，行賓主之禮。果燈下所見翁，笑曰：「客受驚耶？」，三人拍手大劇。視其棺，四圍沙木，中空，其蓋用黑漆綿紗為之，故能透氣，且甚輕。

這篇〈棺床〉，見《子不語》卷十二。陸遐齡秀才在江山縣的這次經歷確乎令人恐懼。與「鬼」同處一室，並且，這「鬼」不怕《易經》，又能吃煙，眞屬「惡鬼」。陸聽得渾身發抖，終夜不眠，完全可以理解。

但〈棺床〉的主旨卻是突出沈秀才之父的「達觀」。他以爲，人終有一死，所以不必畏懼；因此，在慶過七十歲的壽後，便開始演習死人的生活：以棺爲床，「每晚必臥其中」。這位老人的所作所爲，常人怕是接受不了。但袁枚對之卻欣賞備至。這位老人，不妨說就是袁枚的影子。

我們試以袁枚的生活中採擷幾束花絮。

乾隆五十三年（一七八八），袁枚七十三歲，因腹疾久而不愈，作歌自輓，並邀友人同作。袁枚〈答錢竹初書〉說明自輓的動機是：「僕之自輓，非有所強也，閒居無俚，不善飲，不工博弈，結習未忘，作詩自輓，邀人共輓，借遊戲篇章，聊以自娛，不自知其達，亦不自知其不達也。」袁枚以遊戲的態度作自輓詩，斤顯示的正是達觀的死亡哲學；錢竹初責其不達，那是誤會了。

乾隆五十五年（一七九〇），袁枚七十五歲，作有〈諸公輓章不至口號四首催之〉組詩，其中二首是：

久住人間去已遲，行期將近自家知。
老夫未肯定歸去，處處敲門索輓詩。

＊　＊　＊　＊

輓詩最好是生存，讀罷獨能飲一樽。
莫學當年痴宋玉，九天九地亂招魂。

視死如「歸」，並打算帶點禮物回到死亡的世界去，這樣的想法，自是天眞而又樂觀。

德國詩人哥德曾將死亡境界描寫得無限靜穆美好，以下則列出其〈遊子夜歌〉供參考：

群峰
一片沉寂，
樹梢

微風斂跡，
林中
栖鳥緘默，
稍待
你也安息。

袁枚對死亡境界的設想或許沒有如此美妙，但無論如何，在袁枚的心目中，死亡並不可怕。

名能不朽輕仙骨

名能不朽輕仙骨，理到忘機近佛心。

有中丞某，自稱平生不好名。余戲之曰：「人之所以異於禽獸者，以其好名也。」孔子曰：「君子去仁，惡乎成名？」又曰：「君子疾沒世而名不稱焉。」

大聖人尚且重名如此，後世人不好名而別有所好，則鄙夫事君，無所不至矣。」屈悔翁云：「才子多貪色，神仙不好名。」不如司空表聖曰：「名能不朽輕仙骨，理到忘機近佛心。」高東井〈贈方子雲〉曰：「從來賓士貪留客，未有庸人解好名。」

這一段議論見於《隨園詩話》卷十四，袁枚的看法不僅穩妥精當，而且富於詩意。

在我們人類的生活中，死與生是兩個足以相提並論的主題。死亡，它將「人生短暫」的命題凸顯在世人面前。人死了，連軀體也很快就要改變性質，人，往日的言談，往日的風采，往日的精湛的思想，都跟著死亡走了。這些，叫人類如何不深感遺憾？

面對死亡，人類透過多種途徑來追求不朽。道教提出的方案是成仙，長生不老，永遠處於生命的青春狀態。但這畢竟只能是空想。禪宗倡導融入自然的生存方式：人以自然的方式對待自然，就能最終融入自然，成爲宇宙的一部分。這也就是蘇軾〈赤壁賦〉所謂「蓋將自其變者而觀之，則天地曾不能以一瞬；自其不變者而觀之，則物與我皆無盡也」。這種設想，進一步延伸，即是小品式的人生態度：悠然從容，沖淡曠達，平靜地走完生命之路。這其實只是對短暫人生的一種藝術化的安排和闡釋。

比較而言，儒家對不朽的追求顯得嚴謹而崇高。《左傳·襄公二十四年》：「大（太）上有立德，其次有立功，其次有立言，雖久不廢，此之謂不朽。」這就是著名的「三不朽」：立德、立功、立言。德、功、言，其外在的體現方式都是「名」，所以司空圖豪邁地宣稱：「名能不朽輕仙骨。」較之道家的成仙，儒家對成名的追求是較爲切實可行的。

北宋的歐陽修有一篇〈祭石曼卿文〉，抒發了因朋友去世而產生的感傷之情。歐陽修說，我的朋友石曼卿，軒昂磊落，品格不凡，像他這樣出色的人，即使被埋在地下，也應該化作金玉，而不會變爲朽壤，或者，長成千尺長松和九莖靈芝。然而，我想錯了！如今，他的墓地上，「荒煙野蔓，荊棘縱橫，風淒露下，走燐飛螢」，「但見牧童樵叟，歌吟而上下，與夫驚禽駭獸，悲鳴躑躅而咿嚶」，今日已經如此，千年萬載後，怎麼知道不會穴藏狐貉？

的確，人的外在的形體，在這個世界上停留的時日是短暫的。但經由立德、立功、立言而形成的「名」，卻可以長存於宇宙之間。倘若石曼卿知道他已在歐陽修的筆下獲得了永生，他該感到何等欣慰，又該如何向他的這位朋友表達謝忱？

佯狂的魅力

有時癲，有時狂，有時醉酒，有時昏睡；佯狂卻自有其神奇和不凡處。

中國文化對隱士、道人、高僧有著浪漫的、準宗教的敬重。在擺脫人世的紛紜、追求性靈的自適方面，這些人仿佛代表著最高的智慧。他們的舉動當然是違背常情的，有時癲，有時狂，有時醉酒，有時昏睡，卻自有其神奇和不凡處。婦孺皆知的濟公也許算得上是高僧的典型。他酒肉不戒，口唱山歌，與猴、犬、群兒為伍，然語含禪機，無不靈驗。人稱「濟顛」，敬為活佛。

袁枚的《子不語》卷一有篇〈曾虛舟〉。曾虛舟佯狂玩世，被視爲絕大智慧的象徵；敘事亦迷離惝恍，頗多詩意。我們且來領略一番：

康熙年間有曾虛舟者，自言四川榮昌縣人，佯狂吳楚間，言多奇中。所到處老幼男婦環之而行，虛舟嬉笑嫚罵，所言輒中人隱。或與人好言，其人大哭去；或笞罵人，人大喜過望。在問者自知之，旁人不知。杭州王子堅先生知瀘溪縣事。罷官後，或議其祖墳風水不利，子堅意欲遷葬而未果。聞虛舟來，走問之。適虛舟持棒登高阜，衆人環擠，子堅不得前。虛舟望見子堅，遙擊以棒罵曰：「你莫來，你莫來，你來便想摳屍盜骨了，行不得，行不得！」子堅悚然而歸。後子堅子文璿官至御史。

曾虛舟自然不如濟公那樣神秘，我們甚至不知道他的明確身分：是隱士？是道人？是高僧？不太清楚。但作爲佯狂者，他「嬉笑怒罵，所言輒中人隱」，也是夠奇異的。而奇異的「神通」往往伴隨著深刻的內在智慧，果然，關於風水，他的意見就異常高明。

曾虛舟的意見，高明在何處呢？這就有必要涉及對風水的看法了。吳敬梓在

《儒林外史》中指出：選擇葬地，只要地下乾暖，無風無蟻，得安先人，就行了；那些發富發貴的話，都聽不得。所以，當王子堅打算遷葬祖墳以圖富貴時，曾虛舟不只是告誡他「行不得」，還斥其行徑爲「摳屍盜骨」。一針見血，曾虛舟不失爲值得崇拜的「異人」。他的佯狂，魅力無窮。

《子不語》卷十一〈風水客〉一則，有助於讀者認識曾虛舟的高明之處，謹附錄於此：

袁文榮公父清崖先生，貧士也。家有高、曾未葬，諸叔伯兄弟無任其事者。先生稱館穀金買地營葬，叔伯兄弟又以地不佳、時日不合將不利某房爲辭，咸捉搦之。先生發憤，集房族百餘人，祭家廟畢，持香禱於天曰：「苟葬高、曾，有不利於子孫者，惟我一人是承，與諸房無礙。」衆乃不敢言，聽其葬。葬三年而生文榮公，公面純黑，頸以下白如雪，相傳烏龍轉世，官至大學士。

浩然之氣

浩然之氣的力量，無形而又無限。

《子不語》卷四有〈陳清恪公吹氣退鬼〉一則：

陳鵬年與女鬼的較量實際上是「氣」的較量。女鬼的絕招是「聳立張口吹陳，冷風一陣如冰，毛髮噤齘，燈熒熒青色將滅。」陳鵬年的應對是：「亦鼓氣吹婦，婦當公吹處，成一空洞，始而腹穿，繼而胸穿，終乃頭滅，頃刻如輕煙散盡，不復見矣。」陳鵬年之所以敢於針鋒相對地向鬼發起反擊，是因爲他明白：「鬼尚有氣，我獨無氣乎？」這「氣」近乎孟子所倡導的浩然之氣。

《子不語》卷六〈冷秋江〉旨在顯示浩然之氣的力量，雖是速寫似的勾勒，倒也筆墨靈雋，餞有風味。大意是：

乾隆十年，鎮江程姓者，抱布爲業，夜從象山歸，過山腳，荒冢累累，有小兒從草中出，牽其衣。程知爲鬼，呵之不去。未幾，又有一小兒出，執其手。前小兒牽往西，西皆牆也，牆上簇簇然黑影成群，以泥擲之。後小兒牽往東，東亦墻也，墻上啾啾然鬼聲成群，以沙撒之。程無可奈何，聽其牽曳。東鬼西鬼，始而嘲笑，既而喧爭。程不勝其苦，仆於泥中，自分必死。忽群鬼呼曰：「冷相公至矣！此人讀書，迂腐可憎，須避之。」果見一丈夫魁肩昂背，高步闊視，持大扇擊手作拍板，口唱「大江東」於於然來。群鬼盡散。其人俯視陳，笑曰：「汝爲邪鬼弄耶？吾救汝，汝可隨吾而行。」程起從之。其人高唱不絕，行數里，天漸明，謂程曰：「近汝家矣，吾去矣。」程叩謝，問姓名，曰：「吾冷秋江也。住東門十字街。」程還家，口鼻竅青泥俱滿，家人爲熏沐畢，即往東門謝冷姓者，杳無其人。至十字街，問左右鄰，曰：「冷姓有祠堂，其中供一木主，名嵋，乃順治初年秀才；秋江者，其號也。」

這位冷秋江，群鬼爲他下的考語是「迂腐可憎」，其實是「浩然之氣」的另一種說法——含貶意的說法。他是位讀書人，特別喜歡蘇軾的「大江東去」詞，即那首被譽爲古今絕唱的〈念奴嬌·赤壁賦〉：

大江東去，浪淘盡，千古風流人物。故壘西邊，人道是：三國周郎赤壁。亂石崩雲，驚濤裂岸，卷起千堆雪，江山如畫，一時多少豪傑。遙想公瑾當年，小喬初嫁了，雄姿英發。羽扇綸巾，談笑間，強虜灰飛煙滅。故國神遊，多情應笑我，早生華髮。人間如夢，一尊還酹江月。

據《吹劍續錄》記載，柳永、蘇軾都以塡詞著名，但二家風格不同。蘇軾曾問一個優伶說：「我的詞跟柳學士相比怎麼樣？」優伶說：「學士哪能跟相公比。」蘇軾吃驚道：「爲什麼？」，優伶說：「您的詞必須用一丈二高的將軍、銅琵琶、鐵綽板，唱您的『大江東去』。柳學士卻叫十七八歲的女孩，執紅牙拍板，唱他的『楊柳外曉風殘月』。」蘇軾聽了，爲之撫掌。

這位伶人對蘇軾、柳永的比較，足以說明「大江東去」詞自有一種馬上橫槊的氣概。冷秋江雖非一丈二高的將軍，但身材魁梧，正與詞的氣概吻合。他那「高步闊視」的神態，那「持大扇擊手作拍板」、「高唱不絕」的瀟灑豪宕的派頭，幾分迂拙，幾分狂放，難怪群鬼望而生畏了。

這裡用得著「人所未到氣已吞」的形容：本來，浩然之氣的力量就是無形而又無限的。

張趙鬥富

袁枚以為，有人喜歡奢華，有人喜歡節儉，性之所偏，並無高下，人生率性而行而矣。

《世說新語・汰侈》記了好些過度奢侈的事例，其中，石崇與王愷鬥富，也許最爲一般人熟知。晉武帝是王愷的外甥，常常幫助他。有一次，武帝送給王愷一棵珊瑚樹，枝葉橫披，簡直是舉世無雙。王愷拿給石崇看，石看畢，用鐵如意打去，隨手破碎。王愷既感到惋惜，又以爲石崇是妒嫉自己的寶物才這樣做，因此聲色俱厲地加以指責。石崇說：「不用抱怨，還你好了。」命隨從把家裡所有的珊瑚樹都拿來。其中有三尺高的，有四尺高的，光輝燦爛、絢麗奪目的大約有六七株，像王愷那樣的就更多。王愷見了，惘然若失。

《續子不語》卷五〈張趙鬥富〉的故事，與石崇、王愷鬥富屬於同一類型：

康熙間，河道中督趙世顯與里河同知張灝鬥富。張請河台飲酒，樹林上張燈六千盞，高高下下，銀河錯落。兵役三百人，點燭剪煤，呼叫嘈雜。人以爲豪。越半月，趙回席請張，加燈萬盞，而點燭剪煤者不過十餘人，中外肅然，人疑其必難應用。及吩咐張燈，則颯然有聲，萬盞齊明，並不剪煤而通宵光焰。張大慚然不解其故。重賄其奴，方知趙用火藥線穿連於燭心之首，累累然，每一線貫穿百盞，燒一線則頃刻之間百盞明矣。用輕羅爲燭心，每燭半寸，暗藏極小炮竹，爆聲膈膊，燭煤盡飛，不須剪也。

對石崇與王愷鬥富之類的事，要加以鄙薄或非議是十分容易的，難的倒是發掘其深層的文化內涵。宗白華曾說：「晉人的豪邁，不僅超然於世俗禮法之外，有時且超然於善惡之外，有如深山大壑的龍蛇，只是一種壯偉的妖矯的生活力的表現。他們有禽獸般的天眞與殘酷。」從宗先生的角度看，石崇的魄力與雄豪之氣所具備的乃是一種生命活力之美。

那麼，如何看待張，趙門富呢？袁枚偏愛率性而行的人生，他以爲：有人喜歡奢華，有人喜歡節儉，性之所偏，並無高下。由此引申，讀者不難得出一個結論：張、趙門富，只要確是他們眞實性情的呈露，旁人不必加以非議。自然，對一個恪守節儉美德的人，旁人同樣不必話長說短。

儉戒

凡人有心立風骨，便是私心。

節儉本是一種美德，何以袁枚要對之提出警戒呢？

我們不妨先看看袁枚在〈儉戒〉中講述的一個故事：

某位尚書做浙江巡撫，用節儉作下屬的表率。一次，經過三元坊，正巧有個泥水匠的妻子，穿著紅棉袍，頭上插著花，站著看他。尚書下令將她帶回轅門。這位婦女，原是泥水匠新婚的妻子。泥水匠哭哭啼啼，守候在轅門外，一連三天，打聽不到消息。沒法，他只好賣掉住房，用所得的二十兩銀子來賄賂中軍。中軍替他向尙書求情，尙書笑著說：「我差點忘了這事。」便一面把那婦人領到廳堂，一面高聲叫喚夫人。那婦人瞪大了眼睛張望，只見一個蓬頭散髮的人拿著畚箕、穿著粗布衣服從廚房走了過來。尙書說：「這就是我的夫人。」接著，尙書叫那婦人站直，然後教訓她說：「夫人有一品封號，穿戴仍是如此；你丈夫只是個泥水匠，但你卻打扮得這樣華麗，照此下去，飢寒的日子就要到了。我叫你來，就是要以身示範，好讓你轉告你的丈夫。」隨後，給這婦人吃了頓糙米飯，打發她出門。婦人回到丈夫身邊，家已經沒有了。便上吊自殺。

袁枚敘述完了上面這個故事，感慨道：節儉，本是一種美德，但自我誇耀節儉，便成爲一種凶德了。正如苦菜蟲，它以苦爲甜，與別人不相干；但倘若要驅使天下的人都做苦菜蟲，就荒謬至極了！這位尙書，因爲急於顯示自己的節儉，竟連官府的尊嚴也不顧；在刻意誇耀的同時，必然導致另一方面的閉塞不通。故云，能克制自己的私欲就叫仁。

讀到這裡，我們已經能夠明白，袁枚對節儉提出警戒，意在反對矯情，反對某些人爲了顯示自己的「德行」而做出實際上缺德的事。他在〈清說〉一文中指出：「然則奢儉宜何從？曰：聖賢以禮爲歸，豪傑惟情自適。徐邈當魏武崇儉時，不改其奢；當魏武崇奢時，不改其儉，此衷之以禮也。武元衡當楊綰樸素之時，盛飾如故。孔思遠得珍玩，服用不疑，及其屢空，蕭然自得，此自適其情也。此三人者，眞清者也。」一句話，矯情是可恥的，惟情自適才是恰當的生活方式。即《子不語》卷九〈裹足作俑之報〉所云：「凡人有心立風骨，便是私心。」

《子不語》卷十六〈全姑〉載：

蕩山茶肆全姑，生而潔白婀娜。年十九，其鄰陳生美少年，私與通，爲匪人所捉。……（令）親自監臨，裸而杖之。有劉孝廉者，俠士也，直入署責令曰：「我昨到縣，聞公呼大杖，以爲治強盜積賊，故至階下觀之。不料一美女，剝紫綾褲受杖，兩臀隆然，如一團白雪；日炙之，猶慮其消，而君以滿杖加之，一板下，便成爛桃子色。所犯風流小過，何必如是？」令曰：「全姑美，不加杖，人道我好色；陳某富，不加杖，人道我得錢。」劉曰：「爲父母官，以他人皮肉博自己聲名，可乎？行當有報矣。」備衣出，與令絕交。未十年，令遷守松江。坐公館，方午餐，其託見一少年從窗外入，以手拍其背者三，遂呼背痛，不食，已而背腫尺許，中有界溝，如兩臀然。召醫視之，醫曰：「不救矣，成爛桃子色矣。」令聞，心惡之，未十日卒。

在〈全姑〉中，縣令對劉孝廉說的話，即是「有心立風骨」的坦白供狀；讓縣令爛背而死，則表達袁枚對矯情者的深惡痛絕之意。

竊書佳話

> 風寒月黑夜迢迢，辜負勞心此一遭。只有破書三四束，也堪將去教兒曹。

袁枚在世的時候，曾將自己的著作刊刻發售，一方面擴大他的影響，另一方面也是他的收入來源之一。在書的銷售過程中，發生了一起失竊的事。《隨園詩話》補遺卷六記載：「余在山陰，徐小汀秀才交十五金買《全集》三部，余歸如數寄之。未幾，信來，說信面改『三』作『二』，有揠補痕，方知寄書人竊去一部矣。」《全集》被竊，袁枚作何感想呢？

妙在他將這起竊書的事當成佳話。袁枚在〈覆徐小汀書〉中引了兩樁掌故來加以比較，藉以釀造佳話的韻味。

一樁即唐代的「李涉遇盜」。詩人李涉，船行至九江遇盜。盜問何人，李涉的隨從答道：「李博士。」盜首說：「如果是李涉博士，不用剽奪。久聞詩名，願題一篇足矣。」李涉當即題詩一首：

暮雨蕭蕭江上村，綠林豪客夜知聞。
他時不用相迴避，世上如今半是君。

李涉一事，常爲舊時代的文人所津津樂道。比如明代的陸容，就在《菽園雜記》卷二記載：「沈質文卿居太倉，家甚貧，以授徒爲生。一夕寒不成寐，穿窬者穿其壁。文卿知之，口占云：『風寒月黑夜迢迢，辜負勞心此一遭。只有破書三四束，也堪將去教兒曹。』穿壁者一笑而去。視『世上如今半是君』之句，頗爲優柔矣。與陸容的幽默相比，袁枚更多幾許豪邁的意味，他說：

海內的士大夫，把自己的著作刻版行世的，浩如煙海。看書的人大都鎖著眉頭，束之高閣；甚至還有撕毀焚燒，用它去蓋醬壇子的。我雖說已刻印了全集六十多卷，但自己覺得不滿意常擔心也會有此遭遇。沒想到有人如此偏愛，捨得出辣價錢購買；更有人當作奇珍異寶，要在路上奪取它，想盡一切辦法，要出許多花招雖說患了偷竊的毛病，卻正表明他是一個書迷。這眞是藝林佳話，比起李博士之遇盜求詩，白香山之買婢增價，更覺加倍的榮耀。

袁枚引用的另一則佳話是同時的福建人林遠峰告訴他的。林遠峰的親戚徐某，家富多財。一天夜間，十幾個強盜破門而入。正在翻箱倒櫃搜索錢財時，強盜頭子——一個英俊魁梧的少年，忽在燈光下看見宋版的《昭明文選》一部，《小倉山房全集》兩冊，不禁笑道：「這個老人能收藏古書，能讀隨園先生的文集，不是俗儒。」當即令其嘍囉釋放了事主，抱著這兩部書走了。

袁枚在講述完了上面兩則故事後，歸結說「一竊一盜，俱足千秋。」這話講得太妙了！既顯出他超脫的名士風度，又抬高了自己的身價。袁枚不愧爲寫文章的好手！

對文明的批評

天然煙景足清幽，底事齊梁鬧不休？文士鐫碑僧鑿佛，萬山無語一齊愁？

《子不語》卷十四〈燧人鑽火樹〉一則，可當成一篇簡短的「文明論」來讀。在四川人跡不到的深山中，有棵燧人鑽火樹，被採辦貢木的邛州楊刺史所發現。將施斧鋸，其夜夢一古衣冠人來，拱手說：「我燧人皇帝鑽火樹也。當天地開闢後，三皇遞興，一萬餘年，天下只有水，並無火，五行不全。我憐君民生食，故捨身度世，教燧人皇帝鑽木出火，以作大烹，先從我根上起鑽，至今灼痕猶可驗也。有此大功，君其忍鋸我乎？」楊刺史卻說：「神。」有功亦有過，並言之成理地具體指出了他的過錯：「凡食生物者，腸胃無煙火氣，故疾病不生，且有長年之壽。自水火既濟之後，小則瘡痔，大則痰壅，皆火氣烝動而成。然後神農皇帝嘗百草，施醫藥以相救。可見燧人皇帝以前民皆無病可治，自火食後，從此生民年壽短矣。」「神」承認楊刺史講得有理。

〈燧人鑽火樹〉對文明的批評從某種意義上講確有其理由。德國的藍德曼在《哲學人類學》中就說過：

不僅猿猴，甚至一般的動物，在一般構造方面也比人更加專門化。動物的器官適應於特殊的生存環境、各種物種的需要，彷彿一把鎖匙適用於一把鎖。其感覺器官也是如此。這種專門化的結果和範圍也是動物的本能，它規定了它在各種環境中的行為。然而人的器官並不指向某一單一活動，而是原始的非專門化（人類的營養特徵正是如此，人的牙齒既非食草的，也非食肉的）。因此，人在本能方面是貧乏的。

值得注意的是，人的貧乏的本能在文明社會中的趨勢是越來越貧乏，人的生命力在文明社會中日漸退化；一句話，人的「病」越來越多。所以，「神」才心甘情願地認錯。

但是，人本能的退化並非只有消極的後果，其積極的一面無庸置疑更值得重視。因爲人的器官沒有被狹隘地規定在少數的生命功能上，它們可能具有多重作用。因爲人沒有被本能控制，人自己可以思索和創造。人發展出了多種能力和創造性，使人適應了變化的外在條件，而且透過創造活動和社會制度，人更易生存。

文明，畢竟功大於過！

袁枚有一首〈煙景〉詩說：

天然煙景足清幽，底事齊梁鬧不休？
文士鐫碑僧鑿佛，萬山無語一齊愁？

袁枚是反對人工鐫、鑿的，如同他批評燧人鑽火一樣。但人工鐫鑿的碑、佛，正是千年不朽的名勝。

板橋之「怪」

板橋為人，清官廉吏，卻又頗為古怪，不乏名士氣習。

袁枚的朋友鄭燮（一六九三—一七六五），字克柔，號板橋。江蘇興化人。家貧得友人資助讀書，應科舉為康熙秀才、雍正舉人、乾隆進士。曾任山東范縣、濰縣縣令。善詩詞，工書畫，為「揚州八怪」之一。畫以蘭竹為最工，用筆秀勁蕭灑，多而不亂，少而不疏。

板橋為人，一方面是清官廉吏，另一方面又頗為古怪，不乏名士習氣。《隨園詩話》卷九第七四則云：

興化鄭板橋作宰山東，與余從未識面，有誤傳余死者，板橋大哭，以足蹋地。余聞而感焉。……板橋多外寵，嘗言欲改律文笞臀為笞背。聞者笑之。

聽說一位素不相識的「人才」去世，便頓足大哭；因外寵多而欲改律文；這自是眞情、眞趣的流露，卻也不免有幾分怪誕。

在表現板橋之「怪」方面格外風趣的當屬清末的一篇傳奇小說〈雅賺〉。見《夜雨秋燈錄》卷一，作者是光緒年間的宣鼎。大意是：板橋書畫精妙，卓然大家。邗江（揚州）商人均以得板橋書畫爲榮。惟商人某甲，板橋憎其富而俗鄙，雖出重值，亦拒所請。一日，板橋偕小童閒遊郊外，見村落間有茅屋數椽，花柳參差，四無鄰居，白板上書一聯云：「逃出劉伶褌外住，喜向蘇髯腹內居。」匾額曰：「怪叟行窩。」室內復有「富兒絕跡」匾額。這很投合板橋的性情。再看庭中，籠鳥盆魚與芭蕉花卉互相掩映；室內陳列筆硯琴劍，布置幽雅，潔無纖塵。這使板橋更加高興。主人自稱「怪叟」，「東坡角巾，王恭鶴氅，羊叔子之緩帶，白香山之飛雲履，手執麈尾，翩然而來」。與板橋暢敘，頗爲融洽。「即於花下設筵，且談且飲，狗肉而外，又有山蔬野簌，風味亦佳。叟醉，又抽劍起舞，光縷縷然，未識果否成容，然觀其頓挫屈蟠，不減公孫大娘弟子。」板橋不禁恨相見之晚。此後，板橋頻來造訪，怪叟漸談詩詞而終不及書畫，板橋技癢難忍，竟自請揮毫，頃刻畢十餘幀，一一題款。次日重訪，見茅舍全無，肴核滿地，板橋才恍然大悟，知「怪叟」即是商人某甲。

這篇小說題為《雅賺》，究竟誰「賺」（騙）誰呢？表面看，是某甲賺板橋，實則是板橋賺某甲。板橋以其超塵脫俗的名士風度，薰陶得俗商亦具名士之雅，這是「板橋賺某甲」的絕好注腳。某甲自稱「怪叟」，不妨移稱板橋。

《隨園詩話》卷六第三〇則載：

鄭板橋愛徐青藤詩，嘗刻一印云：「徐青藤門下走狗鄭燮。」童二樹亦重青藤，〈題青藤小像〉云：「抵死目中無七子，豈知身後得中郎？」又曰：「尚有一燈傳鄭燮，甘心走狗列門牆。」這也是板橋之怪的精彩例證。

不以婦女改嫁為非

漠漠風寒錦瑟絃，飄飄髫髮尚垂肩。傷心三載成孀婦，還是人家未嫁年。

袁枚的長女成姑，十七歲出嫁，不到半年，丈夫去世，做了寡婦，二十歲時也早喪。成姑十九歲那年，袁枚去看望過她。回來，寫了〈到蘇州，孀女出見，喪服將終，而年方十九，傷懷口號〉：

漠漠風寒錦瑟絃，飄飄髫髮尚垂肩。
傷心三載成孀婦，還是人家未嫁年。

也許是受到成姑年輕守寡、抑鬱早逝這件事的觸動，袁枚對婦女改嫁的態度較爲開明。《隨園隨筆》卷十三〈改嫁〉條云：「三代以上，婦人改嫁，不以爲非。……衛共姬有〈柏舟〉之詩，先儒謂之守義，不謂之守禮。……韓昌黎之女，先適李漢，後適樊宗懿。……范文正公之子婦，先嫁純禮，後適王陶，陶即公之門生也。時文正尚居相位，而孀婦改適，不以爲嫌，所立義壓，有給孀婦改嫁之費。公母謝氏，改適范氏，以公貴，封吳國太夫人。……《宋史·宗室傳》汝南王允讓最賢，爲大宗正，奏宗婦年少喪夫，雖無子不許嫁，非人情，請除其例。……」袁枚舉了許多例子，他想說明的意思是：宋代以前，婦女改嫁是椿尋常事，沒有誰大驚小怪。

儘管如此，袁枚的女兒卻並沒有改嫁。個中原因，讀者已不知其詳。也許，袁枚在理論上贊成改嫁，但在行動上仍缺乏勇氣？或者，成姑本人囿於禮教，甘願守寡？從《子不語》卷十六〈歪嘴先生〉的故事來看，我們推測是由於習俗的力量太大。故事大意是：

湖州潘淑，聘妻未娶，以瘵疾亡。臨終請岳翁李某來，要其未嫁之女守志，翁許之。潘卒後，翁忘前言，女竟改適。將婚之夕，鬼附女身作祟。有教讀張先生者，聞之意不能平，竟上女樓，引古禮折之。以爲女雖已嫁，而未廟見，尚歸葬於女氏之黨；況未嫁之女，有何守志之說？鬼不能答，但走至張前，張口呵之，一條冷氣如冰，臭不可耐。從此女病愈，而張嘴歪矣。李德之，延請在家。合村呼「歪嘴先生」。

「李病愈」說明她的改嫁合情合理；「張嘴歪」則可見一種沒有充足合理性的習俗也有其難以抵御的力量。「歪嘴先生」雖理直氣狀，但膽大心粗，遭到鬼冷不防的一襲，終於吃虧。鬼敢向歪嘴先生發起攻擊，他所倚仗的正是習俗。

宋賢通脱

贈妾生兒古人有，兒生還妾古人無。宋賢豁達竟如此，寄語人間小丈夫！

唐代李伉的《獨異志》中，有個「愛妾換馬」的著名故事：後魏曹彰，性倜儻。偶逢駿馬，愛之，其主所惜也。彰曰：「余有美妾可換，唯君所選。」馬主因指一妓，彰遂換之。馬號曰：「白鶻」，後因獵，獻於文帝。詩仙李白的〈襄陽歌〉一詩，中間幾句便是：

千金駿馬換小妾，笑坐雕鞍歌〈落梅〉。
東旁側掛一壺酒，風笙龍管行相催。
咸陽市中嘆黃犬，何如月下傾金罍。

清代的王琦注「千金駿馬換小妾」一句即引《獨異志》的記載，足見此一軼聞流播廣遠。而其魅力所在，即因表現了古代文人的豪邁豁達的作風。

袁枚是他那個時代爲人矚目的才子，風流自賞，豪縱不羈，極力倡導「佳話」般的生活方式。《隨園詩話》卷二第一〇則大談「宋賢通脫」，堪與「駿馬換妾」連類：

《宋稗類抄》第一卷〈遭際類〉云：「陳了翁之父尚書，與潘良貴義榮之父交好。潘一日謂陳曰：『吾二人官職、年齒，種種相似，恨有一事不如公。』陳問之。潘曰：『公有三子，我乃無之。』陳曰：『吾有妾，已生子矣，可以奉借。他日生子，當即見還。』既而遣至，即了翁之母也。未幾，生良貴。後其母遂往來兩家。一母生二名儒，前所未有。」此事太通脫，今人所斷不爲；而宋之賢者爲之，且傳爲佳話。高南阜太守題詩曰：「贈妾生兒古人有，兒生還妾古人無。宋賢豁達竟如此，寄語人間小丈夫！」

吳敬梓的長篇名著《儒林外史》中，有位才子季葦蕭，其原型即袁枚的朋友李嘯村。季葦嘯的名言是：「我們風流人物，只要才子佳人會合，一房兩房，何足爲奇！」「才子佳人，正宜及時行樂。」這種才子的優越感，或許正是李伉讚賞「愛妾換馬」、袁枚讚賞「宋賢通脫」的心理依據。

袁枚的癖好

人無癖不可與交，以其無深情也；人無疵不可與交，以其無眞氣也。

《世說新語·雅量》有個關於癖好的著名故事，說祖約愛好財物，阮孚愛好木屐，兩人都常常自己動手料理。同樣是一樁累贅，卻分不出誰得誰失。有人到祖家去，見他正在收拾財物，客人到來，尙未清理完畢，剩下兩只小簍。祖約趕緊放在身後，用身體擋住，心情卻無法平靜下來。有人到阮家去，見阮正在吹火蠟屐，嘆息說：「不知這一輩子能穿幾雙木屐？」阮孚聽了，態度照舊安閒自在。於是勝負就分出來了。

人們何以覺得阮孚勝過祖約呢？原來，魏晉時代崇尙率眞、曠達的性情，提倡不爲外物所累，不爲世譽所牽。在他們看來，好財好屐這兩種嗜好本身並無高下之別，關鍵在於嗜好者是否處之泰然。阮孚能做到這點，所以他比祖約強。

袁枚的癖好甚多。據〈所好軒記〉一文的羅列，「袁子好味，好色，好葺屋，好遊，好友，好花竹泉石，好圭璋彝尊，名人字畫，又好書。」對這些嗜好，他「供認」不諱，處之泰然，與阮孚不相上下。

明末張岱的〈五異人傳〉曾不無偏激地提出：「人無癖不可與交，以其無深情也；人無疵不可與交，以其無眞氣也。」五異人或癖於錢，或癖於酒，或癖於氣，或癖於土木，或癖於書史，所癖雖異，而一往深情則同，都足以成爲異人或名士。張岱與魏晉人一樣，認爲癖好本身無所謂等級差別；而我個人覺得，對癖好一視同仁並不合適。比如，據《晉書·杜預傳》，杜預曾說王濟有馬癖，和嶠有錢癖，他本人有《左傳》癖。這三種癖好中，《左傳》癖之高於馬癖，馬癖之高於錢癖，似乎無可爭議。

在袁枚的諸種癖好中，他自以爲「與群好敵而書勝」。理由是：「色宜少年，食宜飢，友宜同志，遊宜晴明，宮室花石古玩宜初購；過是則少味矣。書之爲物，少壯老病、飢寒風雨無勿宜也，而其事又無盡，故勝也。」如此說來，袁枚終生不改之癖不是對書的愛好；他是名副其實的書癖，別的種種「癖好」其實只是某一人生階段的興趣而已。

遊仙夢

寂寞柴門雀可羅，牡丹開後客頻過。山花未免從旁笑，到底人貪富貴多。

遊仙之夢，斑竹最佳。離天台五十里，四面高山亂灘，青樓二十餘家，壓山而建。中多女郎，簪山花，浣衣溪口，坐溪石上。與語，了無驚猜，亦不作態，楚楚可人；釵釧之色，耀入煙雲，雅有仙意。

《隨園詩話》卷十二第九一則所謂「遊仙」，即嫖妓。將妓女稱爲仙，與六朝志怪有關。南朝宋劉義慶的《幽明錄》中有篇〈劉晨阮肇〉，敘劉晨阮肇在天台山遇仙，略云：漢明帝永平五年，剡縣民劉晨、阮肇共入天台上取穀皮。因迷路不得返回，數日後，乾糧用完，飢餓殆死。遠望山上有棵桃樹，攀緣而上，各吃數枚，飢止體充。下山時，見蕪菁葉從山腰流出，甚新鮮，又流出一杯，有胡麻飯糝。逆流行二、三里，有二女子，姿質妙絕。見二人持杯，便笑道：「劉、阮二郎拾到了剛才流失的杯。」遂邀二人還家。「其家銅瓦屋，南壁及東壁下各有一大床，皆施絳羅帳，帳角懸鈴，金銀交錯。床頭各有十侍婢。」到了晚上，令劉晨、阮肇各就一帳宿，「二女往就之。言聲淸婉，令人忘憂。」

應該說明，在劉義慶筆下，這只是個凡人遇仙的故事。但劉晨、阮肇夜間的生活內容卻極易使人聯想到狎妓生活，所以，到了唐代，文人們索性用「仙」來指妓女或艷冶女子。「神仙窟」也就是妓院。唐人張鷟的傳奇小說《遊仙窟》所敘述的即作者本人的一次豔遇。

袁枚說「遊仙之夢，斑竹最佳」，照他的看法，其佳處在於：此地的女子未失自然本色之美，奢侈華麗中仍有幾許純樸氣息。他的〈春日雜吟〉詩云：

> 寂寞柴門雀可羅，牡丹開後客頻過。
> 山花未免從旁笑，到底人貪富貴多。

讓「山花」來取笑「貪富貴」的人，其意旨也是耐人尋味的。

鬧房與坐筵

聽說凌波有洛神，思量覿面喚眞眞。誰知兩次成虛注，始信三生少夙因。紅粉淂知應笑我，青衣著盡不如人。襄王那有陽台夢，空惹巫山雨一身。

新婚時鬧房，這一習俗來歷久遠。東漢仲長統《昌言》曾說：「今嫁娶之會，捶杖以督之戲謔，酒醴以趣之情欲；宣淫佚於廣衆之中，顯陰私於族親之間。洮風詭俗，生淫長奸，莫此之甚！」「鬧房」的方式是多種多樣的，或繫腳倒懸，或加以鞭打，或問醜話讓新娘回答……這種「男女無別」的情形，爲許多士大夫所反感。

袁枚對之卻頗多欣賞之意。《隨園詩話》卷十二第九三則載：

溫州風俗：新婚有坐筵之禮。余久聞其說。壬寅四月，到永嘉。次日，有王氏娶婦，余往觀焉。新婦南面坐，旁設四席，珠翠照耀，分已嫁、未嫁爲東西班。重門洞開，雖素不識面者，聽人平視，了無嫌猜。心羨其美，則直前勸酒。

女亦答禮。飲畢，回敬來客。其時，向西坐第三位者，貌最佳。余不能飲，不敢前。霞裳欣然揖而釂焉。女起立俠拜，飲畢，斟酒回敬霞裳，一時忘卻，將酒自飲。賓相呼曰：「此敬客酒也！」女大慚，嫣然而笑，即手授霞裳。霞裳得沾美人餘瀝以爲榮。大抵所延，皆鄉城粲者，不美不請；請亦不肯來也。太守鄭公以爲非禮，將出示禁之。余曰：「禮從宜，事從俗，此亦亡於禮者之禮也。」乃賦〈竹枝詞〉六章，有句云：「不是月宮無界限，嫦娥原許萬人看。」太守笑曰：「且留此陋俗，作先生詩料可也。」詩載集中。

袁枚欣賞坐筵之禮，是由於在這種場合得以無拘無束地欣賞漂亮女子。他常說：「美人之光，可以養目；詩人之詩，可以養心。」以「美人」與「詩」並提，坦率地表達了他對「美」的傾慕之情。

《隨園詩話》補遺卷五第五六則亦不可不讀：

西泠詩會，有女弟子某，國色也。香岩必欲見之，看家奴衣，隨余轎步往。值其病，廢然而返。後信來，招我談詩，香岩喜，仍易服跟轎冒大雨走五里許，值其家座上有識香岩者，香岩望見大驚奔還，衣服盡濕，身陷坎窞。仍賦詩自嘲云：「聽說凌波有洛神，思量覿面喚眞眞。誰知兩次成虛往，始信三生少夙因。紅粉得知應笑我，青衣著盡不如人。襄王那有陽台夢，空惹巫山雨一身。」「香岩」是張培的字，香才，金陵人。他爲了一睹國色，竟不惜裝扮成家奴。袁枚視其舉動爲風流韻事，與欣賞坐筵之禮一樣，都是他「憐香惜玉」的才子氣的表現。

人不風流空富貴

人不風流空富貴，兩行紅燭狀元家。

相傳，北宋宰相宋郊主持朝政時，正月十五日夜在書院裡讀《周易》，聽說他的弟弟、龍圖閣學士宋祁，點花燈，抱歌妓，通宵達旦地飲酒作樂。第二天，宋郊派自己親近的人去批評宋祁說：「相公傳話給學士，聽說昨晚點燈夜宴，窮奢極侈，不知還記不記得某年的上元節，我們一同在某州學裡吃醃菜煮飯的日子？」學士笑道：「倒要傳話給相公：不知某年同在某處吃腌菜煮飯，是爲了什麼？」

宋祁（字子京）與宋郊（後改名宋癢），在這兩兄弟中，袁枚是更欣賞宋祁的。《隨園詩話》補遺卷九第六〇則載：

余〈詠宋子京〉有句云：「人不風流空富貴，兩行紅燭狀元家。」家香亭襲之〈贈張船山〉云：「天因著作生才子，人不風流枉少年。」似青出於藍。

能夠直言不諱地說出「人不風流空富貴」的，在古代以才子自詡的人中，也不是太多。有些話，意思與之相近，但較爲含蓄。如，晉代的吳達說：「世無花月美人，不願生此世界。」明代的陳繼儒說：「天之風月，地之花柳，人之歌舞，無此不成三才。」與陳繼儒同時代的袁宏道說：「有人隔簾聞墮釵聲而不動念者，此人不癡則慧，我幸在不癡不慧中。」這些話，較爲溫文爾雅，容易爲人接受。

袁枚標榜「風流」，以「憐香惜玉」的教主自居，所以，只要有可能，他總是儘量開脫那些他認爲應該開脫的漂亮女子。反之，對那些不諳此道或逆此道而行之者，則深惡痛絕，屢作誅心之論。《子不語》卷十一〈妓仙〉，敘蘇州名妓謝瓊娘不堪太守汪公刑責，捨生跳崖，竟得成仙，而汪公反而被神笞背數罪。袁枚還借瓊娘之口發揮道：「惜玉憐香而心不動者，聖也；惜玉憐香而心動者，人也；不知玉，不知香者，禽獸也。且天最誅人之心，汪公當日為撫軍徐士林有理學名，故意煞風景以逢迎之，此意為天所惡。」卷二〈平陽令〉敘平陽令對妓女百般凌辱，後中鬼計，誤殺自己的妻妾子女。袁枚如此不滿於「正人君子」，這似乎有忮刻之嫌了。

「人不風流空富貴」，其中潛含著一個意思即：「風流」不能對「富貴」形成威脅，更不能因「風流」而失去「富貴」。「富貴」畢竟是第一位的。《隨園詩話》補遺卷十第四五則就發揮了這一意思：

德清蔡石公先生，會試，有妓愛而狎之，蔡賦〈羅江怨詞〉以謝云：「功名念，風月情，兩般事，日營營，幾番攪擾心難定。待要倚翠偎紅，捨不得黃卷青燈，玉堂金馬人欽敬。欲待要附鳳攀龍，捨不得玉貌花容，芙蓉帳裡恩情重。怎能兩事兼成，遂功名，又遂恩情，三杯御酒嫦娥共。」後竟中康熙九年狀年。其詞正而不腐，故錄之。

蔡石公不隱瞞自己的「風流」性情，但爲了「富貴」，主動克制住內心的欲望。他的這首〈羅江怨詞〉，不拿身份，實話實說，所以袁枚很興奮地引爲同道。

《隨園詩話》補遺卷四第二則亦饒有韻味：

杭州多閨秀，有張夫人者，美而賢。郎主喜狎邪，張不能禁，而慮其染惡疾也，規以詩云：「此去湖山汗漫遊，紅橋白社更青樓。攀花折柳尋常事，只管風流莫下流。」

以「莫下流」（染惡疾）來諫朸「風流」，猶如以「富貴」欲克制「風流」欲一樣，應該是行之有效的。

書外本無長戀物

不願玉液餐，不願蓬萊遊。人間有字處，讀盡吾無求。

所好軒是袁枚的藏書所。袁枚〈所好軒記〉自述其命名的緣由說：我的愛好很多，爲何單把書命名爲「所好」？原來，與衆多的愛好相比，書勝過了一切。我愛好美味，但美味只宜於飢渴；我愛好美色，但美色只宜於少年；我愛好整潔的屋宇、愛好花竹泉石、愛好古董玉器、愛好名人字畫，但這些只宜於初買到時；我愛好遊山玩水，但旅遊只宜於風和日麗；我愛好交朋友，但交友只宜於志同道合。唯有書這東西，無論少年、中年、老年、有病以至飢餓寒冷、刮風下雨，都沒有不相宜的；而且書中的內容無窮無盡。所以，書勝過一切。

袁枚講的是實情。他終生嗜書成癖，並爲此寫下了不少生動有趣的詩文。如〈讀書〉：

掩卷吾亦足，開卷吾亦憂。

卷長白日短，如蟻觀山丘。

秉燭達夜旦，讀十記一否？

更愁千載後，書多將何休。

吾欲為神仙，向天乞春秋。

不願玉液餐，不願蓬萊遊。

人間有字處，讀盡吾無求。

《隨園詩話》卷五第六三則寫得尤爲風趣。袁枚說：我幼時家貧無錢買書，然而愛好書籍很心切。每次路過書店，都十分羨慕地翻看。如果價錢貴買不起，夜晚在睡夢中也不能忘懷。曾寫詩說：「塾遠愁過市，家貧夢買書。」後來做了官，購置書籍上萬卷，反倒沒有功夫去讀了。這如同年輕時牙齒堅固，卻因貧窮沒東西可吃；老來滿眼都是珍貴的食物，但是牙齒脫落，食欲減退，不能多吃。這是很值得嘆息的。

「書外本無長戀物」，袁枚〈掛冠〉詩中的這一句，堪稱傳神的自畫像。

《隨園詩話》卷十五第七九則亦甚精彩，謹附錄於此：

田買發云：「我偶一展卷，頗似穿鑿入金谷，珍寶林立，眩奪目精；時既無多，力復有限，不知當取何物，而雞聲已唱矣。」此語甚雋。魚門〈曬書詩〉云：「老饕對長筵，未啖空頤朵。」

沙彌思老虎

情所最先，莫如男女，輾轉反側，寤寐求之。

五台山某禪師收一沙彌，年甫三歲。五台山最高，師徒在山頂修行，從不一下山。後十餘年，禪師同弟子下山。沙彌見牛馬雞犬，皆不識也，師因指而告之曰：「此牛也，可以耕田。此馬也，可以騎。此雞犬也，可以報曉，可以守門。」沙彌唯唯。少頃，一少年女子走過，沙彌驚問：「此又是何物？」師慮其動心，正色告之曰：「此名老虎，人近之者必遭咬死，屍骨無存。」沙彌唯唯。晚間上山，師問：「汝今日在山下所見之物，可有心上思想他的否?」曰：「一切物我都不想，只想那吃人的老虎，心上總覺捨他不得。」

這則題爲〈沙彌思老虎〉的志怪，見於《續子不語》卷二。另外，無獨有偶的，在西方也有同樣類型的故事：

意大利文藝復興時期的著名作家薄伽丘，其《十日談》中講述：一位父親攜子隱居深山，到十八歲時才帶他下山。兒子沿途見到許多從未見過的東西，忍不住一一發問。當一群衣著華麗、年輕漂亮的姑娘經過時，他立刻問父親這是什麼。父親怕兒子知道她們是女人後會產生邪惡的肉欲，騙他說，這是禍水，名字叫綠鵝。但兒子並卻不因此憎惡「綠鵝」，相反，他對其他一切都不感興趣，卻苦苦哀求父親帶一頭「綠鵝」回家。

袁枚與薄伽丘，時代不同，國度不同，但想法卻如此一致，這也許表明，禁欲在人類生活中是行不通的。只是，薄伽丘與袁枚的動機或許稍有區別。薄伽丘意在表達那個時代的知識分子的信念，袁枚則較多爲本人辯護的意味。

袁枚寫過一篇答程蕺園論詩的信，他在信中說：您來信殷勤誠懇，教我刪掉集子中的寫男女之情的作品，以爲憑著我的才華和學問，何必仿效白居易、杜牧來影響自己的聲譽。您的話堂皇正大，我怎麼敢承當呢？說到詩，是由情感生發出來的。有擺脫不了的情感，才有流傳不朽的詩篇。而「情所最先，莫如男女」。古代的屈原用美女比喻君王，蘇武、李陵用夫妻比喻友情，來源已是很久了。說到人品，徐擒擅長宮體詩，能夠挫敗侯景的威風；上官儀的詩多寫艷情，能夠盡忠於唐王朝；韓渥寫香奩體，楊億、劉筠寫西崑體、趙清獻、文潞公也仿效他們的詩風，但都是作風正派的人！宋儒指責白居易在杭州的詩思念妓女的多，想到百姓的少；那麼，使周文王「寤寐求之」、至於「輾轉反側」的，何以不是他的父親王季、爺爺太公而是「淑女」呢？《易經》一開頭就是乾坤兩卦，講陰陽夫婦配合的道理，莫非要把乾卦坤卦去掉換上別的卦放在前頭麼？我的集子中即使沒有寫男女之情的作品，尚且想設法編進幾首來自招毀謗；幸好半輩子有小過失，情感抒寫在裡面，怎麼會忍心時過境遷就抹殺掉？我欺騙誰呢？欺騙自己嗎？

袁枚上面的這些話，並非所有的人都會贊同，但他講得如此坦率，即使不滿意他的人也會佩服他的勇氣。

俗子與騷士

朱闌幾曲人何處，銀漢一泓秋更清。笑我寄懷仍寄跡，與人同聽不同情。

《隨園詩話》補遺卷二第五四則載：

余幼時，曾見人抄女子趙飛鸞〈怨詩〉十九首。其人，家本姑蘇，賣與某參領家作妾，正妻不容，發配家奴，故悲傷而作。首章云：「誰憐青鬢亂飄蓬，馬上琵琶曲又終。嫁得飽夫雙足健，漫言夫婿善乘龍。」味其詞，蓋旗廝之走差者也。餘詩不甚記憶。其最詼諧者，如云：「炕頭不是尋常火，馬糞如香細細添。」「俗子不知人意懶，挨肩故意唱秧歌。」

有位主張無論身份貴賤、人人都應平等的讀者，在看了這詩話後，曾對趙飛鸞提出非議說：「看來趙飛鸞實嫁得其人，深受愛重，特飛鸞虛榮心重，故仍自哀怨耳。袁枚錄其詩，蓋亦憐其遭遇。然不憐其被賣作妾，而卻憐其發配為妻，袁枚的識見不見得比『傖夫』，『俗子』就高出一籌。」

這位讀者的意見亦自有理。但站在袁枚的角度，一個會寫詩的女子，理當嫁給「騷士」，否則，將才子佳人拆開，未免太殺風景。在袁枚那個時代，抱有這種看法的人正多，比如傳奇小說家蒲松齡。《聊齋志異》卷三〈連瑣〉中有兩組呈對比格局的細節。一組，武生王某於連瑣有救命之恩，想一見顏色，卻被連瑣拒絕了，理由是：「將伯之助，義亦不敢忘。然彼赳赳，妾實畏之。」一組，連瑣最初對楊于畏頗存戒懼，後因楊隔牆為他續詩，且續得很妙，她便主動來到楊的房間，還道歉說：「君子固風雅士，妾乃多所畏避。」《聊齋志異》中的這類情節很多，評點家但明倫歸結說：「可知是詩符攝得來。騷士究竟佔便宜。」「騷士」即才子，其優勢並不在於社會地位高，而在於其騷雅的氣質和修養。袁枚為趙飛鸞惋惜，同樣不是惋惜她的社會地位降低，而是惋惜她身為佳人，卻嫁給了一個不知詩為何物的「俗子」。

為了理解袁枚對騷士的偏愛，還可讀讀《隨園詩話》卷二第七一則：

尤琛者，長沙人，少年韶秀，過湘溪野廟，見塑紫姑神甚美，題壁云：「藐姑仙子落煙沙，冰作闌干玉作車。若畏夜深風露冷，槿籬茅舍是郎家。」夜有叩門者。啓之，曰：「紫姑神也。讀郎詩，故來相就。」手一物與尤曰：「此名紫絲囊，吾朝玉帝時，織女所賜，佩之，能助人文思。」生自佩後，即登科出宰。女助其為政，有神明之稱。余按尤詩頗蘊藉，無怪神女之相從也。其始末甚長，載《新齊諧》中。

《新齊諧》即袁枚的志怪小說集《子不語》。「尤琛」一則，顯係志怪，入《隨園詩話》幷不合適。但從它表達了袁枚對騷士的偏愛而言，又格外值得引述。《隨園詩話》補遺卷二第七三則亦寓含著相同的旨趣，謹附錄於後：

康熙間，叔父健磐公訪戚鎭江，寓某鐵匠家，與其妻張淑儀有文字之知，彼此暗投箋札，唱和甚歡，而終不及於亂。微言挑之，則正色曰：「妾故老秀才某之女，幼嗜文墨，父亡，為媒者所誑，誤嫁賤工，一字不識，彼方熾炭，我自吟詩，為此鬱鬱。得遇君子，聆音識曲，使我幾句荒言，得傳播於士大夫之口足矣。至於情欲之感，發乎情止乎禮義可也。」再三言，則涕泣立誓，以來生爲訂。健磐公心敬之，不忍強也。……後二十年，在粵中，又遇一劉鐵匠者，不能作字，而能吟詩。每得句，教人代寫。〈月夜聞歌〉云：「朱闌幾曲人何處，銀漢一泓秋更淸。笑我寄懷仍寄跡，與人同聽不同情。」健磐公笑謂余曰：「同一鐵匠也，使張女當初得嫁劉某，便稱佳耦矣。」

爲少婦守寡者生色

不是嫦娥甘獨處，有誰領袖廣寒宮？

駱佩香孀居後，〈詠月〉云：「不是嫦娥甘獨處，有誰領袖廣寒宮？」余喜其自命不凡，大爲少婦守寡者生色。

這則詩話，見於《隨園詩話》補遺卷九。袁枚所謂「大爲少婦守寡者生色」，也許是指她的寡居並非拘於「節」的觀念，而有著自命不凡，小視天下男子的氣概。

讀駱佩香的〈詠月〉詩，驀然想起清代另一位女詩人張凌仙的〈歲暮感懷〉：

燈前課子送藝編，百事縈心逼歲闌。
泉路十年音信斷，空山風雪一家寒。

張凌仙，江蘇吳縣人。丈夫姓沈。寡居多年，以苦節著稱。孤獨地支撐一個家庭，這對於婦女，無疑是異常艱難的。「逼」、「寒」二字，下得極重，見出詩人內心的凄苦。沈德潛在《清詩別裁集》中評道：「四斷句中，俱有冰霜之色。」

袁枚論詩，常跟沈德潛鬧彆扭。但他對守志撫孤的女性，也一樣深懷敬佩之情。《隨園詩話》補遺卷一第六一則即是一例：

鰲滄來明府有妹名洁，爲紫庭太史之女。性愛吟詩，年十六，適四品宗室魁。明年，二十而寡，守志撫孤。嘗寄滄來云：「織盡人間寡女絲，三更涕淚一燈知。近來焚卻從前稿，不爲懷兄不作詩。」「兒女乾啼濕哭餘，偷閑才得寄家書。望兄好寄襄勤業，莫使官聲竟不如。」滄來，襄勤公成龍之曾孫也，歷宰吳下，淸愼勤敏，綽有祖風。

張淩仙和鰲洁的詩，也許不能「爲少婦守寡者生色」，然而她們肩負人生重任的形象，確乎體現出一種尊嚴，一種身爲母親的偉大情懷；儘管這副重任是不應由她們獨自承擔的。

女子與詩

袁枚以為確定女子價値的要素是才與色，既以才、色為重，就理所當然地提倡女子作詩了。

女子不宜學詩，不宜寫詩，這是中國古代人一個根深蒂固的看法。爲什麼不宜呢？因爲「婦人識字即亂情」，作詩更可能「亂情」。唐代元稹的傳奇小說

《鶯鶯傳》中，當張生托紅娘成全他與鶯鶯的「好事」時，紅娘說：鶯鶯平日常「沈吟章句」，也許可以「亂之」，即把作詩與「亂情」聯在一起。

反對女子作詩，其出發點是：「女子無才便是德。」這一見解，袁枚是不贊成的；他確定女子價值的要素是才、色。既以才、色爲重，就理所當然地提倡女子作詩了。《隨園詩話》補遺卷一第六二則以不容置辨的口氣說：

俗稱女子不宜爲詩，陋哉言乎！聖人以〈關雎〉、〈葛覃〉、〈卷耳〉冠三百篇之首，皆女子之詩。第恐針黹之餘，不暇弄筆墨，而又無人唱和而表章之，則淹沒而不宣者多矣。家龍義弟婦黃氏雅宜、香亭簉室吳氏香宜，俱有窈窕之容，全居一室，互相切磋。……（詩）皆清妙可誦。……余按荀奉倩云：「女子以色爲主，而才次之。」李笠翁則云：「有色無才，斷乎不可。」有句云：「蓬心不稱如花貌，金屋難藏沒字碑。」

唐代薛漁思有篇傳奇小說《申屠澄》，申屠澄的妻子以爲：「爲婦之道，不可不知書；倘更作詩，反似嫗妾耳。」言下之意是：妾不妨作詩，在妻則萬萬不可。倘是這樣的話，身爲簉室（妾）的吳香宜，可名正言順地作詩；而身爲正妻的黃雅宜，作詩就不太妥當了。當然，在袁枚眼裡，她們都只是「女子」，妻與妾的身分差異，無關緊要。

《隨園詩話》補遺卷三第三五則載：

有熊澹仙者，幼穎悟，妙解聲律，適陳氏，配非其偶，鬱鬱不樂之意，時形諸吟詠。〈見蝶〉云：「曉露零香粉，春風拂畫衣。輕紈原在手，未忍扑雙飛。」……調〈蝶戀花．詠刺繡美人〉云：「二八紅閨春似水，幾日金針，拋卻奩箱裡。貪睡朦朧慵不理，簾前鸚鵡頻催起。手展鮫綃重著意，鴛譜拈來，幾朵花爭麗。繡到雙飛私自喜，背人笑向紅窗倚。」

如要搜集「婦人作詩即亂情」的例證，這倒是一個。

「越禮」與「從一」

由來情種是情痴，匪石堅心兩不疑。倘使化魚應比目，就連成樹也連枝。紅綃已結千秋恨，青史難教後代知。賴有神君解憐惜，為鶯鶯冢播風詩。

明代馮夢龍編撰的《喻世明言》（即《古今小說》），其第四卷題爲〈閑雲庵阮三償冤債〉。小說講述了一個將「越禮」與「從一」協調起來的故事。年少才郎阮華與陳太尉的女兒玉蘭，在閑雲庵私自結爲夫婦，無父母之命，無媒妁之言，是典型的「越禮」之事。但陳玉蘭在阮華死後，守寡不嫁，將兒子陳宗阮（用陳太尉的姓）撫養成人，培養成材，卻是一則「從一」的佳話。小說結尾交待：

（陳宗阮）到一十六歲，果然學富五車，書通二酉。十九歲上，連科及第，中了頭甲狀元，奉旨歸娶。陳、阮二家爭先迎接回家，賓朋滿堂，輪流做慶賀筵席。當初陳家生子時，街坊上曉得些風聲來歷的，免不得點點搠搠，背後譏誚。

到陳宗阮一舉成名，反誇獎玉蘭小姐貞節賢慧，教子成名，許多好處。世情以成敗論人，大抵如此。後來陳宗阮做到吏部尚書留守官，將他母親十九歲上守寡，一生不嫁，教子成名的事，表奏朝廷，啓建賢節牌坊。正所謂：「貧家百事百難做，富家差得鬼推磨。」雖然如此，也虧陳小姐後來守志，一床錦被遮蓋了，至今河南府傳作佳話。

「越禮」之事最終成爲「佳話」，其因有：

1. 陳小姐做到了從一而終。

2. 她的兒子官做得很大。

照馮夢龍看來，陳小姐「守志」是不可或缺的「一床錦被」。

袁枚《隨園詩話》中也曾涉及「越禮」與「從一」題材，即卷十四第一〇〇則：

仁和高氏女，與其鄰何某私通。女已許配某家，迎娶有日，乃誘何外出，而自懸於梁。何歸，見之大慟，即以其繩自縊。兩家父母戀其子女之不肖，不肯收斂。邑宰唐公柘田，風雅士也，爲捐貲買棺而雙瘞之。作四六判詞，哀其越禮之無知，取其從一之可憫。城中紳士，均為賦詩。余按此題著筆，褒貶兩難。獨女弟子孫雲鶴詩最佳。詞曰：「由來情種是情痴，匪石堅心兩不疑。倘使化魚應比目，就連成樹也連枝。紅綃已結千秋恨，青史難教後代知。賴有神君解憐惜，為營鴛冢播風詩。」後四句，八面俱到，尤為得體。

比起高氏女與何某的父母來，袁枚、唐柘田，孫雲鶴要算非常通達的了。但哀其越禮之無知，取其從一之可憫，還是一種居高臨下的姿態。袁枚這位「風流教主」，他偏愛的畢竟是「風流」而非摯情。

稍晚於袁枚的紀昀，其《閱微草堂筆記》卷二十三云：「飲食男女，人生之大欲存焉。干名義，瀆倫常，敗風俗，皆王法之所必禁也。若痴兒騃女，情有所鍾，實非大悖於禮者，似不必苛以深文。」對紀昀的話袁枚將作何評價？

恩愛夫婦不到頭

雙梓同根，雙鴻同栖，這種永恆的愛，也許只有在「不到頭」的境況下才可能產生。

清代中葉的沈復，字三白，蘇州人。他在當時並無文名，但其自傳《浮生六記》卻是一部名垂千古的好書，書中格外精彩的部分，乃是記他與妻子陳芸伉儷之情愈趨愈篤的夫婦生活。「同行並坐，初猶避人，久則不以爲意。芸或與人坐談，見余至，必起立偏挪其身，余就而並焉。彼此皆不覺其所以然者，始以爲慚，繼成不期然而然。」一對天分極高的夫婦，伉儷情篤，又性情灑脫，因而不爲周圍的人所容，結局是：陳芸因應付不了複雜而庸俗的家庭關係，在抑鬱痛苦中早逝。陳芸死後，沈復傷心地慨嘆道：「嗚呼！芸一女流，具男子之襟懷才識。歸吾門後，余日奔走衣食，中饋缺乏，芸能纖悉不介意。及余家居，惟以文字相辨析而已。卒之疾病顚連，賫恨以沒，誰致之耶。余有負閨中良友，又何可勝道哉！奉勸世間夫婦，固不可彼此相仇，亦不可過於情篤。語云：『恩愛夫婦不到頭。』如是者，可作前車之鑒也。」

「恩愛夫婦不到頭」這是傷心之極的話。《隨園詩話》卷十六第四三則所記為這句「格言」提供了一條富於魅力的注釋：

吳涵齋太史女惠姬，善琴工詩，嫁錢公子東，字袖海。錢善丹青，為畫「探梅小照」。亡何，錢入都應試，而惠姬亡，像亦遺失。錢歸家，想像為之，終於不肖。忽得之於破篋中，喜不自勝，遂加潢治，遍求題詠，且載其《鴛鴦吟社箋詩稿》。〈贈夫子〉云：「白雲紅葉青山裡，雙隱人間讀道書。」後入夢云：「已托生吳門趙氏。郎可以玉魚為聘。」錢因自號玉魚生，賦詩云：「可憐女士已成塵，翻使蕭郎近得名。聽說祇今吳下路，歌場人說玉魚生。」

惠姬去世的原因，讀者已無從知曉。但正因無從知曉，才更具神秘莫測之感，仿佛命運之神有意不讓「恩愛夫婦」「到頭」。這種命運的神秘感，古代中國人早已注意到了。南齊祖沖之的《述異記》中，有篇〈比肩人〉，故事是異常美麗的：

吳黃龍年中，吳都海鹽，有陸東美，妻朱氏，亦有容止。夫妻相重，寸步不相離，時人號為「比肩人」。夫婦云皆比翼，恐不能佳也。後妻卒，東美不食求死，家人哀之，乃合葬。未一歲，冢上生梓樹，同根二身，相抱而合成一樹，每有雙鴻，常宿於上。孫權聞之嗟嘆，封其里曰「比肩」，墓又曰「雙梓」。後子弘與妻張氏，雖無異，亦相愛慕，吳人又呼為「小比肩」。

所謂「夫婦云皆比肩，恐不能佳」，亦即「恩愛夫婦不到頭」之意。惟其「不到頭」，故恩愛之情愈深。兩人死後合葬，雙梓同根，雙鴻同栖，這種永恆的愛，也許只有在「不到頭」的境況下才可能產生。故清末王韜跋《浮生六記》，才別有會心地指出：「蓋得美婦非數生修不能，而婦之有才色者，輒為造物所忌，非寡即夭。然才人與才婦曠古不一合，苟合矣，即寡、夭焉亦何憾。正惟其寡、夭焉而情益深，不然，即百年相守，亦奚裨乎？嗚呼！人生有不遇之感，蘭杜有零落之悲。歷來才色之婦，湮沒終身，抑鬱無聊，甚且失足墮行者不少矣，而得如所遇以夭者，抑亦難之。乃後之人憑弔，或嗟其命之不辰，或悼其壽之弗永，是不知造物者所以善全之意也。美婦得人才，雖死賢於不死。彼庸庸者即使百年相守，而不必百年已泯然盡矣。造物所以忌之，正造物所以成之哉？」

照王韜的說法，與其視「恩愛夫婦不到頭」爲命運的惡作劇，不如視之爲命運的寵賜。能夠有這種經歷，足以自豪、自慰。反之，百年相守，庸庸碌碌，有何意趣？

詩情與遊趣

「詩人」新解

一位擔糞者，一位野僧，都有資格被視作詩人。

什麼是「詩人」？標準的說法是：寫詩的作家。

但明末的陳繼儒卻別有心得。他說：「人有一字不識而多詩意，一偈不參而多禪意，一勺不濡而多酒意，一石不曉而多畫意，淡宕故也。」（有的人一字不識卻詩意盎然，一篇偈語也不參卻禪意盎然，一杯酒不喝卻酒意盎然，一片石都不曉得畫卻畫意盎然，其原因在於淡宕。）

《隨園詩話》卷九第六七則載：

王西莊光祿，爲人作序云：「所謂詩人者，非必其能吟詩也。果能胸境超脫，相對溫雅，雖一字不識，眞詩人矣。如其胸境齷齪，相對塵俗，雖終日咬文嚼字，連篇累牘，乃非詩人矣。」余愛其言，深有得於詩之先者。故錄之。

陳繼儒和王西莊說的，確是見道之言。袁枚能賞識王西莊的話，自是心有同感。

寫到這裡，想起《隨園詩話》卷二第三則的一段議論：

少陵云：「多師是我師。」非止可師之人而師之也。村童牧豎，一言一笑，皆吾之師，善取之皆成佳句。隨園擔糞者，十月中，在梅樹下喜報云：「有一身花矣！」余因有句云：「月映竹成千『個』字，霜高梅孕一身花。」余二月出門，有野僧送行，曰：「可惜園中梅花盛開，公帶不去！」余因有句云：「只憐香雪梅千樹，不得隨身帶上船。」

一位擔糞者，一位野僧，都有資格被視作詩人。

《儒林外史》第二十九回，杜慎卿與蕭金鉉、季恬逸、諸葛天申等在雨花台上玩賞風景，「坐了半日，日色已經西斜，只見兩個挑糞桶的，挑了兩擔空桶，歇在山上。這一個拍那一個肩頭道：『兄弟，今日的貨已經賣完了，我和你到永寧泉吃一壺水，回來再到雨花台看看落照！』杜慎卿笑道：『眞乃菜佣酒保都有六朝煙水氣，一點也不差！』」

天目山樵在此評了一句：「卻自有天趣。彼三人恐未必解此。」「彼三人」

指蕭金鉉、季恬逸和諸葛天申。確實，比起他們來，「兩個挑糞桶的」是更富於詩人氣質的。

《隨園詩話》卷七第七三則也與我們的話題相關：

人有生而瀟灑者，不關學力也。傅玉笥先生有句云：「鶯花日辦三春課，風月天生一種人。」，「詩人」主要取決於天分。

此即所謂「吟詩好似成仙骨，骨裡無詩莫浪吟」。

詩人與赤子之心

李贄以為，天下之至文，未有不出於童心焉者也。

明代的李贄寫過一篇〈童心說〉。所謂童心，也就是眞心，即赤子之心和眞情實感。他以爲具有童心的文學才是眞文學，否則就是假文學。「天下之至文，未有不出於童心焉者也。」

袁枚與李贄深有同感。其《隨園詩話》卷三第一七則云：

余常謂：詩人者，不失其赤子之心者也。沈石田〈落花〉詩云：「浩劫信於今日盡，癡心疑有別家開。」盧同云：「昨夜醉酒歸，僕倒竟三五。摩挲青莓苔，莫嗔驚著汝。」宋人仿之，云：「池昨平添水三尺，失卻擣衣平正石。今朝水退石依然，老夫一夜空相憶。」又曰：「老僧只恐雲飛去，日午先敎掩石門。」近人陳楚南〈題背面美人圖〉云：「美人背倚玉欄杆，惆悵花容一見難。幾度喚他他不轉，癡心欲掉畫圖看。」妙在皆孩子語也。

孩子、赤子、童子，其意義相近。袁枚欣賞孩子語，欣賞赤子之心，這可說是他的審美偏嗜。《子不語》卷七有〈仙鶴扛車〉一篇，叙某「郭姓者」見「兩仙鶴扛水精車，車中坐王者，狀如世上所畫香孩兒，紅衣文葆，潔白如玉，口嬉嬉微笑，長不滿尺許，諸神俯伏迎入宮。」郭感到奇怪：堂堂「王者」，何以如此「年少」？一老翁回答說：「爲仙爲聖爲佛，及其成功，皆嬰兒也。汝不聞孔子亦儒童菩薩？孟子云『大人者，不失其赤子之心』乎」在袁枚那裡，人生的最高進詣即是臻於「嬰兒」之境。

年輩早於袁枚的文言小說作家蒲松齡，其《聊齋志異》卷十一有篇〈白秋練〉。袁枚是不大推崇蒲松齡的，但對這篇小說，他理當嘖嘖稱道，因爲，小說所表現的，正是赤子之心的魅力。

白秋練在作品中被讚賞爲「殊風雅」的佳人，她的引人注目的特徵是愛詩成癖。一次，她病得很重，「至絕眠餐」，見到情人慕生後，秋練說：「君爲妾三吟王建『羅衣葉葉』之作，病當愈。」慕生照她說的做，才讀了兩遍，秋練便站起來說病好了。」再讀，則嬌顫相和。」這裡，我們發現一個事實：以詩治病，秋練韻淸徹骨。而同時也不難看出，她雖然愛詩成癖，但她所選用來寄託情懷的詩篇，看起來並不妥帖。所謂「羅衣葉葉」，是唐代詩人王建的一首宮詞：「羅衫（衫，一作衣）葉葉繡重重，金鳳銀鵝各一叢。每遍舞時分兩向，太平萬歲字當中。」王建描寫的是宮廷生活，與白秋練和慕生的身份、處境並不切合。

白秋練愛詩卻不能準確把握詩意，說明了什麼呢？說明：作爲佳人，白秋練並非學富五車，才高八斗，恰恰相反，她的「學」和「才」都極其有限。她與普通女性相區別之處在於：其性格中有一種令人低回流連的韻味，她的純眞的孩子氣使讀者心旌搖搖，幾乎要陶醉了。

《隨園詩話》卷一第五七則載：

江西某太守將伐古樹，有客題詩於樹云：「遙知此去棟梁材，無復清陰覆綠苔。只恐月明秋夜冷，誤他千歲鶴歸來。」太守讀之，愴然有感，乃停斧不伐。

這位「客」，這位「太守」，都是保有赤子之心的人。他們的心靈，還未被世俗的功利之見所禁錮、所塵封。

桃花潭絕句衍義

李白乘舟將欲行，忽聞岸上踏歌聲。桃花潭水深千尺，不及汪倫送我情。

所謂「桃花潭絕句」，即李白的〈贈汪倫〉詩：

李白乘舟將欲行，忽聞岸上踏歌聲。
桃花潭水深千尺，不及汪倫送我情。

清代的王琦，集注李白作品，曾引唐汝詢的話說：「倫，一村人耳，何親於白？既釀酒以候之，復臨行以祖之，情固超俗矣。太白於景切情眞處，信手拈出，所以調絕千古。後人效之，如『欲問江深淺，應如遠別情』，語非不佳，終是杞柳杯棬。」

「超俗」是唐汝詢對汪倫的評價。而在袁枚看來，汪倫的所作所爲更像一位豪士。爲了展現汪倫的豪俠氣質，袁枚虛構了一個故事，即《隨園詩話》補遺卷六第一一則：

唐朝有個叫汪倫的，是涇縣地區的豪俠之士。聽說李白要來，便寫信歡迎他，編造說：「先生喜歡遊覽嗎？此地有十里桃花。先生愛好飲酒嗎？此地有萬家酒店。」李白高高興興地來了，汪倫這才說實話：「所謂桃花，是潭水的名稱，並沒有桃花。所謂萬家，是因店主人姓萬，並沒有一萬家酒店。」李白聽了大笑。汪倫殷勤地款待了好幾天，贈給李白八匹名貴的好馬，八疋宮廷使用的錦緞，並且親自送行。李白感其盛情，爲他寫了一首〈桃花潭絕句〉。如今桃花潭已淤爲平地。

袁枚隨意編造典故，令人想起北宋蘇軾。相傳，蘇軾二十一歲時參加殿試，在論及爲政的寬與簡時，他發揮道，賞忠之時寧失之寬厚，罰罪之時當惻然有哀憫之心，並引用「典故」說：「當堯之時，皋陶爲士，將殺人，皋陶曰殺之三，堯曰宥之三。」其實這「典故」是蘇軾杜撰的，他以爲，「帝堯之聖德，此言亦意料中事耳。」

袁枚杜撰此事，或許也自以爲近情近理，因爲在唐代那個彌漫著豪俠氣氛的社會，以李白和汪倫這樣兩個出類拔萃的人，怎麼能沒有這樣令後人嚮往的韻事？

〈登六和塔〉的風趣

楊誠以為，從來天分低拙之人，好談格調，而不解風趣。何也？格調是空架子，有腔口易描；風趣專寫性靈，非天才不辦。

袁枚有一首題爲〈登六和塔〉的詩：

一塔表江清，觚稜夕照明。
盤旋看下界，絕頂見平生。
乍上微嫌黑，彌高轉不驚。
縱教吹落地，也有半年程。

六和塔，又名六合塔，在浙江杭州市城南錢塘江邊月輪山上。北宋開寶三年（九七〇年），吳越王錢俶為鎮江潮而建。塔身九層，高五十餘丈。塔上裝燈，江上夜航船隻賴以導引。宣和三年（一一二一年）毀於兵火。現存磚構塔身係南宋紹興二十三年（一一五三年）重建，塔刹係明代遺物，外部木構檐廊係清光緒二十五年（一八九九年）重建。今塔高約六十米，八面七級，塔頂為俯瞰江幹景色的絕佳點，登臨其上，有「人立青冥最上層」之感。

隨園論詩，提倡風趣，於此詩可見一斑。詩描寫了夕照中的塔景，也寫了登塔過程，但都只稍加點綴，一筆帶過。詩的重點放在抒寫登塔時的主觀感受，以及登上絕頂後的冥冥之想上。「乍上微嫌黑，彌高轉不驚」，以口語入詩，雖欠含蓄，卻也眞切。結尾兩句，「縱敎吹落地，也有半年程」，似不免故作驚嘆之嫌，但從塔之高峻來看，其誇張也並非毫無依據。何況前人已有「白髮三千丈」、「燕山雪花大如席」之類的先例。

《隨園詩話》卷一第二則專就「風趣」發表看法說：

楊誠齋曰：「從來天分低拙之人，好談格調，而不解風趣。何也？格調是空架子，有腔口易描；風趣專寫性靈，非天才不辦。」余深愛其言。須知有性情，便有格律；格律不在性情外。《三百篇》半是勞人思婦率意言情之事；誰爲之格？誰爲之律？而今之談格調者，能出其範圍否？況皋、禹之歌，不同乎《三百篇》、《國風》之格，不同乎《雅》、《頌》：格豈有一定哉？許渾云：「吟詩好似成仙骨，骨裡無詩莫浪吟。」詩在骨不在格也。

袁枚的詩講求「風趣」，給讀者的感覺是缺乏渾厚之氣，「格調」不夠穩健。這一則詩話，包含有反駁論敵及爲他的〈登六和塔〉一類詩辯護的意味。其〈紙鳶〉一詩亦旨在嘲笑「格調」、讚賞「風趣」：

紙鳶風骨假棱嶒，躡慣雲霄自覺能。
一日風停落泥滓，低飛還不及蒼蠅。

從這些地方不難看出，袁枚對自己的文學主張是非常自信的。蛟龍失生氣，不若鼠橫行。袁枚的話亦自有他的理由。

爲人與爲文有別

袁枚以為，「作人貴直，而作詩文貴曲」、「人可以木，詩不可以木也」。

〈隨園詩話〉卷四第二八則提出了「作人貴直，而作詩文貴曲」的命題。有人問：「詩如何才能稱爲曲？」袁枚於是列舉了若干例證來加以說明：古詩中隱曲的作品數不勝數。即如今人王仔圓的《訪友》詩云：「亂鳥棲定三更夜，樓上銀燈一點明。記得到門還不扣，花陰悄聽讀書聲。」這就是曲。假如到門便叩門，那便拙直無味了。方蒙章的〈訪友〉詩云：「輕舟一咯繞煙霞，更愛山前滿澗花。不爲尋君也留住，那知花里即君家。」這就是曲。假如說知道這就是君家，那便拙直無味了。宋人的〈詠梅〉詩云：「綠柳解語應相笑，洩漏春光恰是誰。」〈詠紅梅〉詩云：「牧童睡起矇朧眼，錯認桃林欲放牛。」然而，因詠梅而想到楊柳的情態，牧童的視覺，這就是曲。如專詠梅花，便是拙直了。

袁枚所舉的詩例及其分析，都不無見地。但令人感興趣的首先還是，他將「作人」與「作詩文」相對而言，強調「作人」與「作詩文」有別。這使人想起梁簡文帝〈誡當陽公大心書〉中的兩句話：「立身之道，與文章異；立身先須謹重，文章且須放蕩。」意謂穩重端愨的人不妨作豪士語或浪子語。沿著這一思路來演繹袁枚的話，可以表述爲：心地正直的人不妨寫隱曲的詩。

從梁簡文帝和袁枚的議論，讀者還可得出一個結論：文章與爲人未可混爲一談。

北宋趙令畤《侯鯖錄》卷三記載：

歐陽文忠公嘗以詩荐一士人與渭州仲儀，仲儀待之甚重，未幾贓敗。仲儀歸朝，見文忠論及此，文忠笑曰：「詩不可信也如此！」

歐陽修起初將詩與人等同，不料以清廉自詡的「士人」卻貪濁得可怕。歐陽修由此悟出「詩不可信」，一個「笑」字，說明他很有幽默感。

金朝詩人元好問〈論詩絕句〉中有一首說：

心畫心聲總失真，文章寧復見為人。
高情千古〈閒居賦〉，爭信安仁拜路塵。

這是對晉代潘岳的批評。潘岳，字安仁。性輕躁，趨世利。與石崇等諂事賈謐，每次賈謐出門，潘岳與石崇便望塵而拜。後因仕途不順利，乃作〈閒居賦〉自鳴清高。潘岳熱中躁進而口稱恬退，難怪會受到元好問的鄙薄了。

《隨園詩話》卷十五第六一則云：

人可以木，詩不可以木也。人學杜詩，不學其剛毅，而專學其木，則成不可雕之朽木矣。潘稼堂詩，不如黃莒堂，以一木而一靈也。

與「爲人貴直」，而作「詩文貴曲」的論述並讀，我們或許會有新的領悟也說不定？

「不傷事主」之「偷」

是否「傷事主」關鍵在於「風調」有無區別。「傷事主」才是不可原諒的「偷」。

東坡詩云：「惆悵東闌一枝雪，人生能得幾清明？」此偷杜牧之「砌下梨花、堆雪，明年誰倚此欄杆」句也。然風調自別。有人歐公好偷韓文者，劉貢父笑曰：「永叔雖偷，恰不傷事主。」亦妙語也。

這是《隨園詩話》補遺卷三的一則。它在表面上與陸游《老學庵筆記》卷十的一則相近，但實際上大有區別。先看陸游的原文：

東坡絕句云：「梨花淡白柳深青，柳絮飛時花滿城。惆悵東欄一株雪，人生得幾清明？」紹興中，余在福州，見何晉之大著，自言嘗從張文潛遊，每見文潛哦此詩，以爲不可及。余按杜牧之有句云：「砌下梨花一堆雪，明年誰此憑欄杆？」東坡固非竊牧之詩者，然竟是前人已道之句，何文潛愛之深也，豈別有所謂乎？聊記之以俟識者。

唐代詩人中，陸游最佩服的是杜甫。他對宋代數十家注杜詩的，曾一概深致不滿。其〈跋柳書蘇夫人墓志〉云：「近世注杜詩者數十家，無一字一義可取。蓋欲注杜詩，須去少陵地位不大遠，乃可下語。不然，則勿注可也。今諸家徒欲以口耳之學，揣摩得之，可乎？」陸游說得很對：一個讀者，只有在與作者產生共鳴的前提下，才能與作品產生心心相印的關係。否則，高談闊論，盡是無關痛癢的話。

張耒之激賞〈東欄梨花〉，即因與蘇軾懷有相近的人生感慨。〈東欄梨花〉的後二句當然是從杜牧〈初冬夜飲〉演變來的，但兩者旨趣迴異。杜牧抒發的是物是人非之感：明年來賞此花的或許已不是自己了；蘇軾卻致慨於人生的短促，能有幾度清明，陸游猜測張耒「別有所謂」，其實就是與蘇軾產生了共鳴，故「愛之深」、「以爲不可及」。而杜牧的詩，是不可能使張耒產生這樣強烈的同感的。

陸游論注杜詩，強調共鳴的重要性；而對於張耒之深愛〈東欄梨花〉，卻沒想到從共鳴的角度作出解釋，反而嫌蘇詩與杜詩雷同。此智者千慮之一失，略加說明，以資談助。

就此看來袁枚的眼光是相當犀利的。他不僅看出蘇詩與杜詩的「風調自別」，還以「不傷事主」爲理由來加以辯護，此舉不旦旣幽默，又通達，更足以見袁枚的識見不俗。

《隨園詩話》補遺卷七第四七則也涉及借鑑與事主的關係。

四十年前，余讀鍾伯敬〈慰人落第〉云：「似子何須論富貴，旁人未免重科名。」以爲佳絕。不料甲寅七月，偶翻唐詩，姚合〈送江陵從事〉云：「才子何須藉富貴，男兒終竟要科名。」鍾先生如此偷詩，傷事主矣。

是否「傷事主」關鍵在於「風調」有無區別。「傷事主」才是不可原諒的「偷」。

兩首觀瀑詩

袁枚的詩表現了本人的風趣和詼諧性情——山外有山立，山內有山倚。頗類人衣裳，幅幅有表裡。

袁枚〈行十里至黃崖，再登文殊塔觀瀑〉詩云：

黃崖天上生，對面作浪起。
我頭不敢昂，誠恐浪壓己。
豈知下望深，青天反作底。
山外有山立，山內有山倚。
頗類人衣裳，幅幅有表裡。
忽然暴雨來，人天一起洗。
避登千尋塔，正對一條水。

瀑布從高看，匹練更長矣。
始知開先寺，相離咫尺爾。
只為絕巘遮，紆行十餘里。

黃崖即廬山南秀峰，有瀑布自鶴鳴，龜背兩峰流出，飛流直下，即李白、蘇軾吟詠過的「廬山瀑布」。

李白〈望廬山瀑布〉詩云：

日照香爐生紫煙，遙看瀑布掛前川。
飛流直下三千尺，疑是銀河落九天。

「香爐」即香爐峰，在廬山北峰。詩的首句描繪香爐峰頂縹緲的雲霧，但出以香爐生煙之喻，便化俗爲雅，新奇動人，並點明了瀑布所在地；次句直敘遙望中的瀑布；三四句用「疑是」在「飛流直下三千尺」與「銀河落九天」之間構成比喻關係，既誇張地寫出自然景觀的壯麗，同時又暗示出詩人正如癡如醉欣賞風物的情態。

近人劉永濟曾就此詩評論說：「李白集中所寫山水，皆氣象奇偉壯麗之景，足見其胸次宏闊，亦與山水同。較之王、裴輞川唱和諸作，別具一番境界。大小雖殊，而詩人觀物之精細與胸懷之澄澈，能以一己之精神面貌，融入景物之中，則無不同。」（見《唐人絕句精華》）可謂知言。

袁枚的詩則描寫了自高處觀瀑的非凡景象，如：「黃崖天上生，對面作浪起。我頭不敢昂，誠恐浪壓己。」「瀑布從高看，匹練更高矣。」與李白詩比較，角度不同。這是特點之一。

袁枚詩的另一特點是表現了作者本人的風趣和詼諧性情。如：「山外有山立，山內有山倚。頗類人衣裳，幅幅有表裡。」在這些詩句中，詩人的面目活靈活現，自然山水被抹上了一層濃重的主觀色彩：不是情、景交融（如王維、孟浩然），也不是情與景的相對獨立（如謝靈運），而是景被化入情中，景被性靈所淹沒、所改變。這種寫法，在袁枚的其他詩中也有表現，如〈桐江〉：「久別天台路已迷，眼前尚覺白雲低。詩人用筆求遒峭，何不看山到浙西？」〈剪刀峰〉：「遠望雙峰剪紫霓，尖叉棱角有高低。倘非山裡藏刀尺，那得秋雲片片齊？」袁枚的「風趣」眞是無所不在。

重陽詩

重陽時節雨昏昏，座上黃花笑欲言。

中國的一些傳統節令多富於文化色彩，如人日、元宵、清明、寒食、端午、七夕、中元、中秋、重陽、臘日、除夕等。它們是民情風俗的階段化呈現，各具獨特的人文意義。因此，以這種節日爲題材，就不能僅僅滿足於攝取自然，而應將自然與人文氛圍融合爲一。一首詩成就的高下，便往往取決於融合的程度。

試舉一例。古代重陽詩中，北宋潘大臨的斷句「滿城風雨近重陽」當得起膾炙人口的評價。惠洪〈冷齋夜話〉卷四載：

黃州潘大臨，工詩，多佳句，然甚貧。東坡、山谷尤喜之。臨川謝無逸問有新作否，潘答書曰：「秋來景物件件是佳句，恨爲俗氛所蔽翳。昨日閒臥，聞攪林風雨聲，欣然起，題其壁曰：『滿城風雨近重陽。』忽催租人至，遂敗意，止此一句奉贈。」

潘大臨的重陽詩，雖然僅此一句，卻獲得了異常廣泛的稱譽。如趙蕃《淳熙稿》卷一：「人愛九日，多以靖節之故，仆以邠老（潘大臨字邠老）七字可以益其愛者，且連日風雨，尤覺此句妙處。」那麼，這一句的好處在哪裡呢？好在它既是寫目前之景——「滿城風雨」，氣象蕭瑟，渲染出深不可測、令人迷惘的衰颯的的情調，又不止於寫目前之景——「近重陽」，在這富於人文意味的時間中，積淀在「重陽」這一節令中的獨特的文化氛圍隨之出現了。於是，你一定會想到，那與重陽聯在一起的菊花，明日會如何呢？你還會想到，明日還能照常登高飲酒、良朋相聚嗎？……種種思慮，種種情懷，無不油然而生。所以，問題的關鍵在於風雨與重陽之間的時間關係，而這是透過一個「近」字點出來的。「近」字確實下得好。它聲調響亮，給讀者「筆所未到氣已吞」之感。

袁枚也有一首〈重陽〉詩：

重陽時節雨昏昏，座上黃花笑欲言。
莫道催租無吏到，恐催詩債要敲門。

這首詩同樣是從重陽的人文意義入手。重陽是持蟹賞菊的日子，故「座上黃花笑欲言」；重陽曾發生過催租人敗潘大臨詩興的俗事，故由這一掌故，導入還詩債的雅事。雅俗相映，別具風趣之致。袁枚常說「詩貴翻案」，這恰好是善於翻案的一個實例。

「消除此日須行樂」

消除此日須行樂，行樂千年苦不足。縱使朝朝然秉燭，燭殘雞鳴又喔喔。

在中國文化中，春、夏、秋、冬常是時間的代名詞。而時間是無限的。它因此成為短暫人生的怵目驚心的對照。「人事有代謝，往來成古今。」「今人不見古時月，今月曾經照古人。」「人生處一世，去若朝露晞。」一句話，人生有限，宇宙無窮。這種對於個體生命的存在狀況的清醒認識爲道家哲學的擴張提供了心理準備。袁枚〈對日歌〉寫道：

昨日之日背我走，明日之日肯來否？
走者刪除來者難，惟有今日之日為我有。
消除此日須行樂，行樂千年苦不足。
縱使朝朝能秉燭，燭殘雞鳴又喔喔。
人生行樂貴未來，既來轉眼生悲哀。
昨日之事今日憶，有如他人甘苦與我何為哉！
樂既不可過，不樂又恐悲。
安得將樂未樂之意境，與我三萬六千之日相追隨？
君不見陶潛李白之日去如風，惟有飲酒之日存詩中！

這意思很明白。如〈古詩十九首〉所云：「生年不滿百，常懷千歲憂。晝短苦夜長，何不秉燭遊！爲樂當及時，何能待來茲。」「人生忽如寄，壽無金石固。……不如飲美酒，被服紈與素。」或如《莊子》雜篇〈盜跖〉所說：「今吾告子以人之情，目欲視色，耳欲聽聲，口欲察味，志氣欲盈。人上壽百歲，中壽八十，下壽六十，除病瘐死喪憂患，其中開口而笑者，一月之中不過四五日而已矣。天與地無窮，人死者有時，操有時之具而託於無窮之間，忽然無異騏驥之馳過隙也。不能說（悅）其志意，養其壽命者，皆非通道者也。」

袁枚所謂：「消除此日須行樂」，即「打發此日須行樂」。人生短暫，不樂何爲？這種追逐享樂的生活態度，許多人行而不言，袁枚則既行之，又言之，言行一致，坦蕩不羈。

明代唐寅的〈把酒對月歌〉雖並未發表有如袁枚這樣的「宣言」，但是卻將一種無拘無束、以詩酒自娛的人生場景展現在讀者眼前，此亦是道家人生觀的表達：

> 李白前時原有月，惟有李白詩能說；
> 李白如今已仙去，月在青天幾圓缺？

今人猶歌李白詩，明月還如李白時；
我學李白對明月，月與李白安能知？
李白能詩復能酒，我今百杯復千首；
我愧雖無李白才，料應月不嫌我醜！
我也不登天子船，我也不上長安眠；
姑蘇城外一茅屋，萬樹桃花月滿天。

唐寅（一四七〇—一五二三），字伯虎，一字子畏，號六如居士、桃花庵主、逃禪仙吏等。吳縣（今屬江蘇）人。弘治十一年（一四九八）鄉試第一，會試時因牽涉科場舞弊案而被黜。後遊名山大川，以賣畫爲生。他爲人狂放不羈，是有名的才子型文人，有時自己亦用「江南第一風流才子」印。與祝允明、文徵明、徐禎卿並稱「吳中四才子」。他這首〈把酒對月歌〉，正是其狂放性情的呈露。

白鹿洞書院

一松門外張華蓋，五老雲中看讀書。白鹿仙蹤流水遠，青衿燈火講堂虛。

袁枚對宋儒很少好感，但卻寫有〈白鹿書院〉一詩，而白鹿書院與宋儒朱熹的緣份是極深的。全詩如下：

少室山人舊草廬，隔朝換作紫陽居。
一松門外張華蓋，五老雲中看讀書。
白鹿仙蹤流水遠，青衿燈火講堂虛。
人間何處尋精舍，稷下淹中恐不如。

白鹿書院即白鹿洞書院。在廬山五老峰山容中。距星子縣城約七公里，爲宋代「四大書院」之一。唐貞元元年（西元七八五年），洛陽人李渤、李涉兄弟隱居廬山，渤養白鹿自娛，人稱白鹿先生。寶曆元年（西元八二五年），李渤爲江州刺史時，在隱居舊址建台，引流植花，號白鹿洞。唐末兵亂，高雅之士來洞讀書。顏眞卿之孫顏翠曾率弟子三十餘人授經洞中。至南唐升元中將此建爲「廬山國學」，宋初擴爲書院，與睢陽、石鼓、岳麓共爲當時四大書院，後遭兵火。南宋淳熙六年（一一七九年）朱熹爲南康（今星子縣）軍守，重建院宇，於是該院聲名大振，即所謂「隔朝換作紫陽居」。「紫陽」就是朱熹。陸象山、王陽明等都曾在此講學。後院宇屢經興廢，現存爲淸道光年間所修。

此詩寫得明白通暢。首聯交待白鹿洞書院的沿革。頷聯描繪周圍環境，頗爲精緻」「一松門外張華蓋」，不說「似」，而說「張」，不僅寫出樹冠形同華蓋，從中還透出一股飛動的靈氣。「五老雲中看讀書」更直接採取擬人化的手法，將無生命的山寫活了。且這兩句看似寫景，又不只是寫景：「看讀書」，一語破的，表明詩人描繪這種充滿生機的環境其實是要顯示出當日書院的繁盛。

頸聯感嘆人事的變遷：白鹿先生的往事，已如流水長逝；朱熹主持白鹿洞書院期間，學子雲集，而今卻僅有講堂空在。尾聯盛讚書院在中國文化發展史上的地位：像白鹿洞書院這樣的講學之所，即使是齊國稷下、魯國淹中等學派薈萃之地；恐怕也趕不上。

袁枚不喜宋儒，卻在這首詩中推重「紫陽」（朱熹），也許是因爲袁枚特愛讀書。他曾說：他終生不改的癖好只是讀書。直到晚年，還多次在詩中感嘆：可惜讀書的時間不多了。如〈二十三日荷塘遣人問安，戲筆謝〉：

尚有人間未讀書，匆匆何必賦歸歟。
多情恰感張元伯，白馬朝來訊起居。

忙與閒

白雲縷縷青山出，雲自忙時山自閒。唯有野人忙不了，朝朝洗硯寫雲山。

袁枚〈題魯星村小像〉詩云：

愛春風，不戴笠；

愛徐行，不著屐。
披出一衫青，張開兩眼白。
胸中忙殺幾首詩，旁人不知謂閒立。

魯星村名璸，安慶詩人。表面看去，他那麼安閒，但實際上忙得很，正緊張地構思著幾首詩。

袁枚另有一首詩，題爲〈忙〉：

花要泉澆鶴要糧，穿池疊石要平章。
巢由料理溪山事，竟與皐夔一樣忙。

巢由即巢父、許由，均爲堯時的隱士。皐即皐陶，是舜時掌刑的大臣；夔是舜時掌樂的大臣。寫隱士生活，表面上與朝廷大臣一樣忙碌，但所忙的不過是澆花養鶴、穿池疊石，可謂閒莫如之了。或以閒寫忙，或以忙寫閒，機杼頗巧。

清代陸韜〈白雲〉詩云：

白雲縷縷青山出，雲自忙時山自閒。
唯有野人忙不了，朝朝洗硯寫雲山。

以「野人」自居，其生活是閒適的。但詩人偏說自己「忙」得很。「以忙寫閒，如許措詞，純乎天籟。」（《清詩別裁集》卷二十）是一篇未加雕琢的好作品。陵韜，字亦岸，山陰（今浙江紹興）人。

清初邵瓚的〈題畫〉詩則將青山外的「忙」（喧囂）與青山內的「閒」對比著寫，亦別具韻味：

青山一角夕陽銜，隔斷喧囂境不凡。
有客空亭閒眺遠，桃花春水送輕帆。

這首詩對畫面上風景的再現是生動的，逼眞的。春天的傍晚，青山之畔，別無遊人，唯有空亭閒客，看著碧綠的澗水與岸邊桃花相映，微波蕩漾，送一片白帆前去。「空」、「閒」、「輕」，刻畫環境的寧靜；「青山」、「春水」、

「桃花」、「輕帆」，表現環境的優美；而「眺」、「送」則又寫出環境雖寧靜優美卻並不沉寂。整幅畫面是和諧的。而在畫面的再現中，細心的讀者一定能發現：詩人不知不覺地顯示了他賞畫時心境的閒適和安寧。

邵璸，大興（今河北大興）人，初名宏魁，字柯亭。康熙舉人。官昌邑（今山東昌邑）知縣。

愛替青天管閒事

袁枚為詩「愛替青天管閒事」，而詩人愛管閒事，是愈沒要緊則愈佳。

袁枚〈登山〉詩云：

焚香掃地待詩成，一笑登山倚杖行。
愛替青天管閒事，今朝幾朵白雲生？

又有〈閒行〉詩云：

折竹當藜杖，閒行過小亭。
無人獨自語，溪上一鷗聽。

又有〈閒坐〉詩云：

雨久客不來，空堂飛一蝶。
閒坐太無聊，數盡春蘭葉。

這三首詩境界不同，但都突出了袁枚愛「管閒事」的特點。「今朝幾朵白雲生？」與詩人有何相干？溪上只有一鷗，卻仍自語喃喃，究竟有誰傾聽？空堂無客，獨數蘭葉，「閒事」越管越多了。

其實，「管閒事」乃是所有詩人的共性。據宋代馬令的《南唐書》記載，李璟有「小樓吹徹玉笙寒」之句，馮延巳有：風乍起，吹皺一池春水」之句，皆為警策。李璟曾與馮延巳開玩笑說：「『吹皺一池春水』，干卿何事？」延巳道：「比不上陛下的『小樓吹徹玉笙寒』。」這則典故表明，「管閒事」是好的文學作品的一個必要條件，如《隨園詩話》卷八第八〇則所說：「詩人愛管閒事，越沒要緊則愈佳，所謂『吹皺一池春水，干卿底事』也。陳方伯德榮〈七夕〉詩云：『笑問牛郎與織女，是誰先過鵲橋來？』楊鐵厓〈柳花〉詩云：『飛入畫樓花幾點，不知楊柳在誰家？』」

對比著袁枚的〈登山〉，我們來讀宋代王質的〈山行即事〉：

浮雲在空碧，來往議陰晴。
荷雨灑衣濕，蘋風吹袖清。
鵲聲喧日出，鷗性狎波平。
山色不言語，喚醒三日酲。

宋人詩詞裡描寫天氣常用擬人手法，如潘牥〈郊行〉：「雲來嶺表商量雨」；王觀〈天香〉：「重陰未解，雲共雪商量不了。」但用於篇首，籠罩全詩，當屬王質首創。「浮雲在空碧，來往議陰晴」，議論未定，所以一會兒「陰」──「荷雨灑衣濕」；一會兒「晴」──「鵲聲喧日出」。陰晴變換山色淺深，時有佳致，動人心目。因此，雖然它並「不言語」，但靈性已具，亦足以醒人三日之醒。筆到意到，自然妥貼。

關心天上浮雲商量是否下雨的事，「管閒事」管得饒有趣味。

由於詩人們愛「管閒事」，故某些「閒話」在詩中顯得非常精彩，但卻萬不可在生活中照著辦理。《隨園詩話》卷十五第四一則說的就是這個意思。

詩有聽來甚雅，恰行不得者。金壽門云：「消受白蓮花世界，風來回面卧中央。」詩佳矣，果有其人。必患痎瘧。雪蕃僧云：「半生客里無窮恨，告訴梅花說到明。」詩佳矣，果有其事，必染寒疾。

與梅花聊天，猶如袁枚與「溪上一鷗」聊天一樣，可入詩，卻不可入生活。

詩占身分

袁枚所說的「占」，是「預測」之意，即從詩可預測詩人的身分。

元初劉因〈宋理宗南樓風月橫披〉詩云：

物理興衰不可常，每從氣韻見文章。
誰知萬古中月天，只辦南樓一夜涼！

北宋的開國皇帝趙匡胤，其〈月〉詩說：「未離海底千山黑，才到中天萬國明。」人們認為有一種豪邁的開國氣象。而南宋理宗在「南樓風月」的橫披上題詩，卻有「併作南樓一夜涼」之句，缺少太祖那種宏偉氣魄。劉因提出，詩中氣象的興衰關聯著作者的氣韻，從宋太祖與宋理宗作品的差異，便可斷定：理宗不能繼承祖宗的基業。

袁枚也提出了「詩占身分」的命題。《隨園詩話》卷八第八三則云：

詩占身分，往往有之。莊容可未遇時，〈詠蚕〉云：「經綸猶有待，吐屬已非凡。」後果以狀元致官亞相。唐郭代公元振〈詠井〉云：「鑿處若教當要路，爲君常濟往來人。」亦此意也。齊次風宗伯，年十二〈登巾子山〉云：「江水連天白，人煙滿地浮。巾山山上望，一覽小東甌。」龍爲霖太史改官爲令，〈詠大樹〉云：「但教能覆地，何必定參天。」陸雙橋貧困，〈有感〉云：「老驥尙懷千里志，枯桐空抱五音材。」

袁枚所說的「占」，是「預測」之意，即從詩可預測詩人的身分。把詩當作預言禍福吉凶的隱語，這本是事後的附會，但袁枚卻一向深信不疑。他自稱「平生行自然」，似乎還未能完全做到。

北宋范仲淹寫過一首〈淮上遇風〉：

一棹危於葉，旁觀欲損神。
他年在平地，無忽險中人。

范仲淹（九八九－一〇五二），字希文，吳縣（今江蘇蘇州）人。父早死，少孤貧，能刻苦自學。大中祥符進士。天聖六年入京任秘閣校理，因直言敢諫，指陳朝政，幾次出任睦、蘇等州知州，政績頗著。又曾任陝西經略定撫副使，抵御西夏。後官至樞密副使、參知政事，主持「慶歷新政」。被貶徐州，病卒。

陳師道《後山詩話》評〈淮上遇風〉曰：「雖弄翰戲語，卒然而作，其濟險加澤，未嘗忘也。」不僅僅作為詩讖來看，而是當成詩人性情的流露、品格的呈現，較為合理。詩確乎能占身分，但「身分」並非僅指「社會地位」，還指一種情操，一種人生境界。

無秋不病中年後

才卸藤床出戶前，舉家驚瘦老親憐。無秋不病中年後，有酒重歌碧月天。

時序的遷移流轉向來為中國傳統詩人和詩評家所關注。在崇尚天人合一的古代作家眼裡，春、夏、秋、冬，不僅僅是氣溫、氣候、色彩的變化，也是人生情調的轉換，是情緒、情感、情味的波動。自然召喚著心靈，至少，它們是心靈得以呈露的觸媒。所以，劉勰說：「獻歲發春，悅豫之情暢；滔滔孟夏，鬱陶之心凝；天高氣清，陰沈之志遠；霰雪無垠，矜肅之慮深。」鍾嶸說：「若乃春風春鳥，秋月秋蟬，夏雲暑雨，冬月祁寒，斯四候之感諸詩也。」司空圖《二十四詩品》更出現了一個以四時風景喻詩歌風格的完整系列，如：「采采流水，蓬蓬遠春……碧桃滿樹，風日水濱，柳蔭路曲，流鶯比鄰。」（〈纖穠〉）「娟娟群松，下有漪流。晴雪滿汀，隔溪漁舟。……神出古異，淡不可收。如月之曙，如氣之秋。」（〈清奇〉）

氣象學上的秋天與人生的晚景，可以視為一種對應關係。因此，題詠秋天或在秋天寫下的詩，很容易與老病、頹唐聯在一起。袁枚的〈病起對月〉即是如此：

才卸藤床出戶前，舉家驚瘦老親憐。
無秋不病中年後，有酒重歌碧月天。

燈寫黃花霜下影，風留紅樹晚來煙。
主人小與青山別，觸目清光更宛然。

所望的是月，而與月有關的名句實在太多，如：「海上生明月，天涯共此時。」（張九齡）「小時不識月，呼作白玉盤。又疑瑤台鏡，飛在白雲端。」（李白）「露從今夜白，月是故鄉明。」（杜甫）但袁枚似乎根本不記得這些名句，他毫不猶豫地將「無秋不病中年後」置於詩的中心，儘管下面的「有酒重歌碧月天」不失爽朗之氣，畢竟只是「病起」的陪襯。「秋」與「病」的聯繫太密切了！

據周發祥〈意象統計〉一文介紹，美國漢學家華生（Bruton Waston）曾將《唐詩三百首》的四季意象加以分類歸納，得到的數據是：春，七六；夏，一；秋，五九；冬，二。為什麼格外鍾情於春、秋而厭倦於夏、冬呢？這是由於，酷暑（夏）和苦寒（冬）所喻示的慘痛的悲劇境遇違背了中國文化所偏愛的中和原則，而春、秋所誘發的快樂或感傷卻沒有趨於極端：溫柔敦厚，或進止有度，既不會使人興奮得失去節制，也不會沈重到令人長歌當哭。在袁枚這首詩中，「病」而能「起」，「無秋不病中年後」與「有酒重歌碧月天」相對，所遵循的正是古典的中和原則。

寫景與言情

寫景易，言情難，何也？景從外來，目之所觸，留心便得；情從心出，非有一種芬芳悱惻之懷，便不能哀感頑艷。

凡作詩，寫景易，言情難，何也？景從外來，目之所觸，留心便得；情從心出，非有一種芬芳悱惻之懷，便不能哀感頑艷。然亦各人性之所近：杜甫長於言情，太白不能也。永叔長於言情，子瞻不能也。王介甫、曾子固偶作小歌詞，讀者笑倒，亦天性少情之故。

袁枚將寫景與言情截然分開，與中國傳統詩論有所不同。

古代詩人處理情景的方式，大體有兩種：

「芳草伴人還易老，落花隨水亦東流」，此情與景合。「雨中黃葉樹，燈下白頭人」，此景與情合。前一種屬於擬人的手法，是將自身的情緒投射到景物身上，這種方式曾受到一些詩論家的批評，王夫之《古詩評選》卷四評陶淵明〈癸卯歲始春懷古田舍〉就認爲：「『良苗亦懷新』，乃生入語。杜陵（杜甫）得此遂以無私之德橫被花鳥，不競之心武斷流水。不知兩間景物關至極者如其涯量亦何限，而以己所偏得非分相推，良苗有知，寧不笑人曲諛哉？」所以，古代詩人寫景，更多地採用第二種方式，強調感物，強調對景的眞切刻畫，力求臻於「景中生情，情中含景」的境界。

清代施補華〈峴傭說詩〉所云：

寫景須有此景。「渡頭餘落日，墟裡上孤煙」，確是晚村光景。「兩邊山木合，終日子規啼」，確是深山光景。「黃雲斷春色，畫角起邊愁」，確是窮邊光景。「山光悅鳥性，潭影空人心」，確是古寺光景。「野徑雲俱黑，江船火獨明」，確是暮江光景。可以類推。

這也就是王夫之《唐詩評選》所謂的「詠得現量分明」、「貌其本榮」。寫景最終是爲了抒情。「景乃詩之媒，情乃詩之胚，合而爲詩。」「詞雖不出情景二字，然二字亦分主客。情爲主，景是客。說景即是說情，非借物遣懷，即將人喻物。有全篇不露秋毫情意而實句句是情，字字關情者。」因此，「長安一片月」，自然得孤棲憶遠之情；「影靜千官里」，自然得喜達行在之情。如此看來，由景入情，從外在的景物描寫追尋作者的內在心靈，這是閱讀中國古典詩的基本思路和應該遵循的主要原則。袁枚的意見只看來略有偏頗。而這無疑與他偏重「風趣」有關。

俗句與名士

名士與俗句不可分割地聯繫在一起，俗文學與雅文學也就有著銜接點。

俗文學與雅文學的分疆限域是當代文學中的一個熱門話題。有倡導加強各自的傾向者，有主張相互取長補短者，衆說紛紜，莫衷一是。《隨園詩話》卷九第五二則也許有助於我們認識這一問題，茲引述如下：

世有口頭俗句，皆出名士集中：「世亂奴欺主，時衰鬼弄人。」杜荀鶴詩也。「今朝有酒今朝醉，明日無錢明日愁。」羅隱詩也。「一朝權在手，便把令來行。」崔戎〈酒籌〉詩也。「閉門不管窗前月，分付梅花自主張。」南宋陳隨隱自述其先人詩也。「大風吹倒梧桐樹，自有旁人說短長。」宋人笑趙師䕸欲附范文正公祠堂詩也。「晚飯少喫口，活到九十九。」古樂府也。（見《七修類稿》所引）「難將一人手，掩得天下目。」曹鄴詩也。「易求無價寶，難得有情郎。」女貞蕙蘭詩也。「一舉首登龍虎榜，十年身到鳳凰池。」張唐卿詩也。

「平生不作皺眉事，世上應無切齒人。」邵康節詩也。「兒孫自有兒孫福，莫與兒孫作馬牛。」徐守信詩也。「是非只為多開口，煩惱皆因強出頭。」「自家掃去門前雪，莫管他家瓦上霜。」並見〈事林廣記〉。「黃泉無客店，今夜宿誰家？」見唐人逸詩。

袁枚所拈出的這些詩句，多見於名詩人集中或出於名詩人筆下；但在後世，卻一再為通俗小說家所引用。名士與俗句，就這樣不可分割地聯在了一起。既然如此，俗文學與雅文學，也未必找不到銜結點。我們為什麼一定要丁是丁、卯是卯呢？

唐代詩人王梵志是一位釋徒。他的詩，民間氣息之濃，言外韻味之厚，非尋常詩家所可及。如他的〈吾有十畝田〉：

吾有十畝田，種在南山坡。
青松四五樹，綠豆兩三窠。
熱即池中浴，涼便岸上歌。

遨遊自取足，誰能奈我何？

其詩句自「俗」，其情趣卻「雅」，化俗為雅，或以俗寓雅，莫非當不起「佳作」之譽？

《隨園詩話》卷十二第八一則也值得一讀：

前朝說部，有俚語可存者，如〈曉學仙者〉云：「服藥求長生，莫如孤竹子。一食西山薇，萬古長不死。」〈戒谿刻者〉云：「倖門如鼠穴，也須留一個。若皆堵塞之，好處都穿破。」刺暴貴者，〈詠鴟吻〉云：「而今抬在青雲上，忘卻當年窰內時。」嘲官昏者，〈詠傘〉云：「常時撐向馬前去，眞個有天沒日頭。」刺好譖人者，〈詠蟬〉云：「莫倚高枝縱繁響，也應回首顧螳螂。」刺代人劾友者，〈詠金〉云：「黃金自有雙南貴，莫與遊人作彈丸。」

這類「說部」中的「俚語」，與「名士集中」的「俗句」，格調相近，足見「說部」與「名士集」也不是兩個互相絕緣的世界。

爲女郎詩辯護

用價值千金的珍珠換魚的一隻眼睛，魚不會願意，為什麼呢？因為，魚眼雖賤，卻是真的，珍珠雖貴，卻是假的。

北宋秦觀〈春日〉詩云：

一夕輕雷落萬絲，霽光浮瓦碧參差。
有情芍藥含春淚，無力薔薇臥曉枝。

這首詩表現春日輕雷微雨後的景象和花草情態，其風格如時女步春，呈婉約之美。金代的王中立曾拿這首詩中的「有情」二句與唐代韓愈〈山石〉詩中的「芭蕉葉大梔子肥」比較，斷爲「婦人語」，並說：「破卻工夫，何至學婦人」元好問作《論詩三十首》其中一首即據王中立之語立論：

「有情芍藥含春淚，無為薔薇臥晚枝。」

攢出退之〈山石〉句，始知渠是女郎詩。

「晚」當作「曉」。元好問是崇尚剛健豪壯而反對纖弱窘仄的，故對秦觀的詩很不客氣地加以嘲笑。

袁枚也不否認秦觀的詩具女郎風調，但以爲女郎詩亦自具魅力。《隨園詩話》卷五第三七則是對元好問的直接反駁：

元遺山譏秦少游云：「有情芍藥含春淚，無力薔薇臥晚枝。拈出昌黎〈山石〉句，方知渠是女郎詩。」此論大謬。芍藥、薔薇，原近女郎，不近山石；二者不可相提而並論。詩題各有境界，各有宜稱。杜少陵詩，光焰萬丈，然而「香霧雲鬟濕，清輝玉臂寒」；「分飛蛺蝶原相逐，並蒂芙蓉本是雙。」韓退之詩，橫空盤硬語，然「銀燭未銷窗送曙，金釵半醉坐添春。」又何嘗不是女郎詩耶？〈東山〉詩：「其新孔嘉，其舊如之何？」周公大聖人，亦且善謔。

袁枚最討厭用大帽子壓人的做法，他在〈答程蕺園論詩書〉中說：您的意思，是認爲我們讀書人要有名望，定要像理學家那樣循規蹈矩才行，然而我卻認爲，千百個假道學，不如一兩個眞正的白居易、杜牧。用價值千金的珍珠換魚的一隻眼睛，魚不會願意，爲什麼呢？因爲，魚眼雖賤，卻是眞的，珍珠雖貴，卻是假的。袁枚反對用大帽子壓人，所以不贊成用格調剛健的詩來排斥女郎風調的詩；並且，他認爲，一個大家，正應當涵容各種風格。《隨園詩話》補遺卷八第二四則就此申論說：

余雅不喜元遺山論詩，引退之〈山石〉句，笑秦淮海「芍藥薔薇」一聯爲女郎詩。是何異引周公之「穆穆文王」，而斥后妃之「采采卷耳」也。前於〈詩話〉中已深非之。近見毛西河與友札云：「曾遊泰山，見奇峰怪嶁，拔地倚天；然山澗中杜鵑紅艷，春蘭幽杳，未嘗無倡條冶葉，動人春思。此泰山之所以爲大也。大家之詩，何以異此？」其言有與吾意相合者，故錄之。

在元好問和袁枚之間，讀者見仁見智，不必一味求同。對古人，最需要的是理解。

〈宿泰山〉詩評點

亂石長松路不分，數聲鍾磬隔林聞。山中夜半燒殘燭，自起開窗照白雲。

《隨園詩話》補遺卷七第八二則引了徐朗齋的〈宿泰山〉詩：

亂石長松路不分，數聲鍾磬隔林聞。
山中夜半燒殘燭，自起開窗照白雲。

袁枚評道：「眞情絕矣。」
說到泰山詩，讀者最熟悉的當屬杜甫〈望岳〉：

岱宗夫如何？齊魯青未了。
造化鍾神秀，陰陽割昏曉。
蕩胸生層雲，決眥入歸鳥。

會當凌絕頂，一覽衆山小。

杜甫〈望岳〉詩共三首，分詠西岳、南岳和東岳。這一首詠東岳泰山。題爲「望岳」，表明詩人並未登山，而是佇立相望。

全詩著力描繪泰山的高峻磅礴，但不是抽象地或者一般地說它高入雲霄，而是別出機杼，分別從三個側面來表現：「齊魯青未了」——這是從人們的視野來寫；「陰陽割昏曉」——這是從明暗的差異來寫；「蕩胸生層雲」——這是從詩人的感覺來寫。這三個方面具體、新穎，可見詩人概括和表現事物的卓越能力。最後，詩以「會當凌絕頂，一覽衆山小」作結，既扣住了泰山的雄偉奇絕，又進一步生發，展示了青年杜甫壯闊的胸懷和抱負。

杜甫以降，寫泰山的詩，多著眼於其雄偉奇絕，如元代張養浩〈登泰山〉：「萬古齊州煙九點，五更滄海日三竿。」明代汪廣洋〈過泰山偶賦〉：「天低衆山小，星拱一峰秋。」都有一種「登泰山而小天下」之概。但徐朗齋的〈宿泰山〉則側重於表達夜宿山中的淸寂之感，隔林傳來的數聲鍾磬和開窗即可見到的白雲點染出一片超然出世的氣氛。其意境大別於衆多的泰山詩，倒與明初郯韶的〈龍門山中即事〉相近：

雷雨過崖鷩落湍，空林白晝生暮寒。
陰陰草閣開樽坐，細細山雲卷幔看。
落日樵聲經木末，青天鳥道掛林端。
亦知吏隱非吾事，直欲從此賦考槃。

這是一首即景詩，寫傍晚在龍門山中的所聞所見所感。所聞所見皆清撥脫俗：「陰陰草閣」、「細細山雲」、「落日樵聲」、「青天鳥道」——一切都像是專爲隱居者布置的。由此而生出「直欲賦考槃」（隱居）的願望，就是很自然的了。

如此說來，假如有人挑剔徐朗齋的〈宿泰山〉詩中的「泰山」，可以換成任何一座山，作者恐怕也難以置辯。未知袁枚有何話說。

王、孟逸趣

所謂「王、孟逸趣」，放在中國山水詩的傳統中來看，主要是相對於謝靈運而言的。

《隨園詩話》補遺卷四第六四則提出了「王、孟逸趣」的命題：

心梅又有〈秋山〉一首，云：「秋山靜自古，空翠滿衣裳。矯首看雲岫，支笻過草堂。風清松子落，水動藕花香。中有岩阿樂，欲言意已忘。」〈田家〉云：「今年春雨足，歡聲動茅屋。新婦助插秧，小兒拾桑落。烏鬼船頭忙，團桑籬下綠。」「老翁沽酒猶未來，門前野花笑自開。」俱有王、孟逸趣。

所謂「王、孟逸趣」，放在中國山水詩的傳統中來看，主要是相對謝靈運而言的。謝靈運篳路藍縷，爲山水詩的發展建立了不朽的功勛，但山水詩的基本品格卻是由王維、孟浩然確立的。孟浩然長期隱居，從未出仕；王維雖曾出仕，但隱居的時間亦相當長。隱士生涯以及佛、道思想的薰陶，使其生活情調基本上屬於「逸」的一流，與謝靈運相通而狂縱之氣、矯揉之氣較少。他們的山水詩創作，也既通於謝詩，又有若干鮮明的特徵。其基本品格可概括爲二點：

1. 物我交融的藝術境界。在謝靈運筆下，對山水之美的追尋是一個艱難的過程，登山逾岭，涉溪過澗，好不容易才欣賞到了一片令人陶醉的風景，這樣一來，作者對山水雖仍如疾如醉的愛好，而在讀者看來，山水卻是一個不太容易親近的對象。又由於謝詩的結構一般採取了「叙事——寫景——說理」的章法，情、景獨立，進一步消解了人對山水的親切感。這種缺乏親切感的山水詩，是王維、孟浩然所不滿意的。他們就生活在山水中，朝夕相處，息息相關，你中有我，我中有你，因此，他們不再把遊山玩水寫成艱難的追尋，也不在讓情、景分離，而是叫人與山水，叫情與景，輕鬆和諧地打成一片。

試看孟浩然的〈秋登蘭山寄張五〉：

北山白雲裡，隱者自怡悅。
相望試登高，心隨雁飛滅。

愁因薄暮起，興是清秋發。
時見歸村人，沙平渡頭歇。
天邊樹若薺，江畔舟如月。
何當載酒來，共醉重陽節。

你看「隱者」與「北山白雲」幾乎是同時亮相。山水點綴了人的生活，人也點綴了山水風光，相互之間，水乳交融。「隱者」的情感是豐富的，但不必另外點出，展開著的景物中已經蘊含著詩人的感慨，玩味景物亦即玩味著心靈。這是人生與山水混融的境界。

2.逸的情調。隱士的人生偏於逸的一路，隱士的山水詩也偏於逸的情調。從選擇的意象看，空山、幽谷、白雲、古寺、曲徑、寒松、落花、啼鳥，較之艷陽、紅花、暴風、驟雨等出現的頻率要高得多。從表達的情緒看，閑適恬淡，自我解脫，寧靜優雅，清靜澹泊，構成其主體部分。從藝術表現看，李白那樣大聲鞺鞳的山水詩書在王、孟的集子裡極爲少見，通常都是節奏舒緩、語調平和的。

從審美效果看，這類作品並不引導讀者進入亢奮、激動的狀態，而是令人身心俱忘，忘卻了塵世，忘卻了繁華，忘卻了紛爭，漸漸地、慢慢地沈入澄明幽深之境，如夢如幻，如霧如煙。這是一個遠於俗情的天地。

且看王維的〈歸嵩山作〉：

清川帶長薄，車馬去閒閒。
流水如有意，暮禽相與還。
荒城臨古渡，落日滿秋山。
迢遞嵩高下，歸來且閉關。

這首詩寫作者辭官歸隱途中所見的景色和心情。景物的轉換與作者心情的變化和諧一致：始見則「清川」、「流水」，暮鳥還林，可見其安詳從容，樂於歸隱；繼見則荒城、古渡，落日秋山，越是接近歸隱之地，就越體驗到一種淸寂冷峻的意味；最後則唯見「嵩高」，點明歸隱主旨，心境極爲恬適。王維「以淳古淡泊之音，寫山林閒適之趣」，其筆致與「水墨不著色畫」相通。

談過了王、孟，再來看心梅的詩，讀者不妨試作評估：心梅的詩，是否眞有王、孟逸趣？

七夕詩

面對同一題材，人的心靈會產生種種的回應。

「七夕」，即陰曆的七月初七之夜，俗稱此夜爲牛郎織女相會之期，天下烏鵲紛紛前往搭橋。

相傳織女本爲天帝孫女，故又稱「天孫」。她長年織造雲錦，自嫁與牛郎後，織乃中斷。於是天帝大怒，責令她與牛郎分離，每年只准在七月初七的晚上相會。此傳說始見於〈古詩十九首〉，其後內容雖有所演變，但基本的情節構架卻是相同的。

《隨園詩話》補遺卷二第二四則專談七夕詩：

七夕詩最多，家四妹（棠）云：「匆匆下顧塵寰處，如此夫妻有幾家？」近見休寧陳蕙畹（湘）有句云：「天孫莫尚嫌歡短，儂自離家已五年。」俱有情致。

袁棠的詩句，其命意與北宋秦觀的〈鵲橋仙〉詞相通：

纖雲弄巧，飛星傳恨，銀漢迢迢暗度。金風玉露一相逢，便勝卻、人間無數。

柔情似水，佳期如夢，忍顧鵲橋歸路？兩情若是久長時，又豈在、朝朝暮暮？

一般人都認爲，牛郎織女離多會少，有太多的缺憾。但秦觀、袁棠卻指出：他們的愛情天長地久，在人間很難找到，因此，他們的一次相逢，便遠勝過人間的朝朝暮暮相見。

陳湘的詩句，其構思與唐代王灣的〈閏月七日織女〉詩相通：

耿耿曙河微，神仙此夜稀。

今年七月閏，應得兩回歸。

王灣設想今年閏七月，牛郎織女還有一個相會之期；陳湘則用她離家五年未能與丈夫團聚的事實來勸慰牛郎織女莫嫌歡會的時間太短，都著眼於牛郎織女的相見之難。

袁棠與陳湘的詩，旨趣相異，但都富有情致。這表明，面對同一題材，人的心靈會產生種種的回應。換句話說，同一題材，其內涵是多義的、豐富的，它與人類生活的對應不是單一的。當不同的情緒投射到同一題材上，便會賦予它相異甚至相反的感情基調。

「物類雖同，格韻不等」，藝術的世界因而極爲豐富多彩。

金陵懷古

袁枚强調：政治的好壞才是國家興亡的關鍵。

唐代的劉禹錫寫過一首著名的〈金陵懷古〉詩：

潮滿冶城渚，日斜徵虜亭。
蔡州新草綠，幕府舊煙青。
興廢由人事，山川空地形。
〈後庭花〉一曲，幽怨不堪聽。

詩的前半部分描寫金陵一帶景色，同時又緊扣著對歷史遺跡的憑吊這個主題。金陵曾是六朝古都，歷史遺跡很多，詩人選取了具有典型意義的幾處進行描寫，以此表達時代興廢。冶城（故址在今南京市朝天宮一帶），曾是東吳鑄制吳刀、吳鈎的冶煉場所，這古跡現在在哪兒呢？江濤拍岸，水天空闊，歷史的長河衝走了冶城和吳國的雄圖霸業。徵虜亭（故址在今南京市玄武湖北，為東晉徵虜將軍謝安所建），曾是東晉王謝豪族餞別送行的場所，雖然還矗立在落日的斜輝裡，但是那顯赫家族和東晉王朝卻早已銷聲匿跡。江心的蔡洲，新草嫩綠，幕府山的青煙依舊。前四句，熔古今事與眼前景為一體，為下文抒發感慨作了鋪墊。

後四句揭示六朝興亡的原因，以歷史的教訓警醒當世。險要的山川地形，並不能保障長治久安，社稷存亡原本取決於人事。〈玉樹後庭花〉是典型的亡國之音，六朝帝王仗恃天險，縱情聲色，終至亡國，其教訓，後世是否記取了呢？鑒戒之意，含蓄深長。

乾隆七年（一七四二），袁枚二十七歲，因翰林散館考試落選，外放溧水（今屬江蘇）縣令。溧水時屬江寧府，為古金陵（今江蘇南京）地。抵達金陵時，袁枚寫了〈抵金陵〉組詩，其中一首是：

登臨不盡古今情，無數青山入郡城。
才子合從三楚謫，美人愁向六朝生。

身非氏族難為客，地有皇都易得名。
八尺闌干多少恨，新亭秋老月空明。

這首詩裡，「美人愁向六朝生」一句格外令讀者悚然。六朝偏安江南，朝代屢更，美女常在國家喪亂時受禍，如南朝陳後主寵幸的貴妃張麗華。過去的詩人，往往將亡國之責加在這些美女頭上，指「女禍」爲亡國之因。劉禹錫所謂「〈後庭花〉一曲，幽怨不堪聽」，就是這個意思。甚至一些通俗小說家也神采飛揚地重複這一話題，如明代馮夢龍《喻世明言》第三卷〈新橋市韓五賣春情〉，其開場白即大談「女禍」，中間一節是：「六朝時，陳後主寵愛張麗華，孔貴嬪，自制〈後庭花〉曲，姱美其色，沈湎淫逸，不理國事。被隋兵所追，遂同二妃投入井中，爲隋將韓擒虎所獲，遂亡其國。詩云：歡娛夏廏忽興戎，眢井猶聞〈玉樹〉歌。試看二陳同一律，從來亡國女戎多。」唐代以降，女色亡國幾乎成了許多「金陵懷古」詩的不可或缺的一個主題。但袁枚卻非但不談聲色之禍，還坦率承認：「美人愁向六朝生。」言下之意是：亡國的禍因不在這些「美人」身上，相反，她們是國家滅亡的受禍者。其〈張麗華〉一詩云：

結綺樓邊花怨春，青溪柵上月傷神。
可憐褒妲逢君子，都是《周南》傳裡人。

袁枚強調：政治的好壞才是國家興亡的關鍵。

《隨園詩話》補遺卷一第一八則云：

金陵山川之氣，散而不聚，以故土著者絕少傳人。王、謝渡江，多作寄公，亦復門戶不久：此其證也。

就這則詩話而言，袁枚似乎認爲：六朝的衰亡除了政治措施失當外，「山川之氣」也是原因之一。

又《隨園詩話》卷十六第五五則云：

〈金陵懷古〉詩，最難出色。皖江潘蘭如（瑛）云：「〈玉樹庭花〉唱已遙，金陵王氣又重消。龍蟠不去懷雙闕，牛首空回望六朝。故壘雲低天漠漠，荒林秋盡雨瀟瀟。石頭城畔多情月，夜夜來看江上潮。」通首音節清蒼。

只肯定潘瑛詩的「音節」，而不肯定其命意，袁枚的評語，自有分寸。金陵懷古詩，只要一提〈玉樹後庭花〉，就難免老調重彈之嫌。

詠春

一段好春藏不盡，粉牆斜露杏花梢。

《隨園詩話》卷九第二〇則云：

閨秀李金娥〈詠路上柳〉云：「折取一枝城裡去，教人知道是春深。」湖州高氏小女有一聯云：「也知春色歸人早，鄰女釵邊有杏花。」

李金娥和高氏女的詩句，令人想起南宋葉紹翁那首古今傳誦的名作〈遊園不值〉：

> 應憐屐齒印蒼苔，小扣柴扉久不開。
> 春色滿園關不住，一枝紅杏出牆來。

據錢鍾書《宋詩選注》，葉紹翁這首詩脫胎於南宋陸游的〈馬上作〉：

平橋小陌雨初收，淡日穿雲翠靄浮。
楊柳不遮春色斷，一枝紅杏出牆頭。

與陸游同時代的另一位詩人張良臣的〈偶題〉也與之取景相近：

誰家池館靜蕭蕭，斜倚朱門不敢敲。
一段好春藏不盡，粉牆斜露杏花梢。

無論是陸游的〈馬上作〉，還是張良臣的〈偶題〉，或是葉紹翁的〈遊園不值〉，都表達出那種從出牆「一枝」想見萬樹爛漫的意趣，以有限的視覺形象傳達出了春天來臨的無限生機。而葉紹翁是寫得最爲新警和具體的。李、高二閨秀的詩句，與這三首詩機杼相同。

其實，這種機杼在唐詩、宋詞中也可見到。屬於唐詩的，如吳融〈途中見杏花〉：「一枝紅杏出牆頭，牆外行人正獨愁。」溫庭筠〈杏花〉：「杳杳艷歌春日午，出牆何處隔朱門。」屬於宋詞的，如此宋魏夫人〈菩薩蠻〉：「隔岸兩三家，出牆紅杏花。」晏幾道〈木蘭花〉：「牆頭丹青雨餘花，門外綠楊風後絮。」都有一種雖未涉足庭園，卻已領略到大好春光的意境。

古典小說作家也有化用這一機杼的，其中，《儒林外史》第三十六回的描寫也許是最出色的：

轉眼新春二月，虞博士去年到任後，自己親手栽的一樹紅梅花，今已開了幾枝。虞博士歡喜，叫家人備了一席酒，請了杜少卿來，在梅花下坐，說道：「少卿，春光已見幾分，不知十里江梅如何光景？幾時我和你攜樽去探望一回。」

雖易「杏」爲「梅」，然而神情依舊相似。從這裡讀者感受到了虞博士的詩人氣質。

詩貴翻案

袁枚提倡翻案，目的是擺脫窠臼，寫出新意，不一味模仿他人。

《隨園詩話》卷二第五〇則傳授作詩的法門：

詩貴翻案。神仙，美稱也，而昔人曰：「丈夫生命薄，不幸作神仙。」楊花，飄蕩物也，而昔人云：「我比楊花更飄蕩，楊花只有一春忙。」長沙，遠地也，而昔人云：「昨夜與君思賈誼，長沙猶在洞庭南。」龍門，高境也，而昔人云：「好去長江千萬里，莫教辛苦上龍門。」白雲，閒物也，而昔人云：「白雲朝出天際去，若比老僧猶未閒。」「修到梅花」，指人也，而方子雲見贈云：「梅花也有修來福，著個神仙作主人。」皆所謂更進一層也。

袁枚提倡翻案，目的是擺脫窠臼，寫出新意，不一味模仿他人。比如，唐代的白居易有一首〈長恨歌〉，在敘及楊貴妃「宛轉蛾眉馬前死」，唐明皇身為君王卻「掩面救不得」的情事後，濃墨重彩地渲染了唐明皇的傷悼之情：

天旋日轉迴龍馭，到此躊躇不能去。
馬嵬坡下泥土中，不見玉顏空死處。
君臣相顧盡沾衣，東望都門信馬歸。
歸來池苑皆依舊，太液芙蓉未央柳。
芙蓉如面柳如眉，對此如何不淚垂？

唐明皇的「淚」，「垂」得動情，「垂」得眞摯，曾感動了數不淸的讀者。

但袁枚的〈馬嵬〉詩卻故意反彈琵琶：

莫唱當年〈長恨歌〉，人間亦自有銀河。
石壕村裡夫妻別，淚比長生殿上多。

意思是：民間夫妻的生離死別才是最悲慘的，不必總是爲帝王后妃們感嘆。

袁枚所用的，正是典型的翻案手法。

翻案是與模仿相對而言的，但說穿了也還是一種模仿。錢鍾書指出：模仿有正反兩種。效西施之顰，學邯鄲之行，此正仿也。若東則北，若水則火，猶〈西陽雜組〉載渾子之「違父語」，此反仿也。英國一小名家嘗評其吟侶作詩多蹈襲，曰：「非作抄胥之謂，乃取名章佳句爲楷模，而故反其道，以示自出心裁，此尤抄襲之不可救藥者。」又有學士謂尼采議論視若奇創，實則「取古人陳說，是其所非。非其所是，顚倒衣裳，改換頭面，乃假借之一法耳。」總之，翻案即是反仿，袁枚所倡導的是一種不會被指責爲抄襲的模仿手法。

有時，袁枚也將「翻案」稱爲「進一步」，如《隨園詩話》卷十四第八三則云：

詩以進一步爲佳。杜門懸車，高尙也，而張寶臣〈致仕〉云：「門爲看山寧用杜?車還駕鹿不須懸。」別離，苦事也，而黃石牧〈送別冊子〉云：「一度送行傳一畫，人生那厭別離多。」〈寄衣〉，古曲也，而盛青嶁〈出門〉云：「檢點篋中裘葛具，早知別後寄衣難。」「打起黃鶯兒」，懼驚夢也，而朱受新〈春鶯〉云：「任爾樓頭啼曉雨，美人夢已到漁陽。」

袁枚舉的這些例證，全是和前人唱反調，即所謂「逆向思維」。也許，這確是出新意的行之有效的技巧之一。

袁枚的「哭父詩」

袁枚反對用詩悼念父母，但他既然說出「父母恩如天地」的話，這種源於天性的感激之情總會流露出來。

袁枚一生，有文章悼念他的妹妹，有詩悼念他的女兒，但從未寫過悼念父母的詩。在他看來，用詩悼念父母是不妥當的。

《隨園詩話》卷五第一八則即闡發此意：

有某太史以〈哭父〉詩見示。余規之曰：「哭父，非詩題也。『禮』大功廢業。而況於新衰乎？古人在喪服中，三年不作詩。何也？詩乃有韻之文，在哀毀時，何暇揮毫拈韻？況父母恩如天地，試問：古人可有詠天地者乎？六朝劉晝賦六合，一時有「疥駱駝」之譏。歷數漢、唐名家，無哭父詩。非不孝也，非皆生於空桑者也。《三百篇》有〈蓼莪〉，古序以爲刺幽王作。有『陟屺』、『陟岵』，其人之父母生時作。惟晉傳咸，宋文文山有〈小祥哭母〉詩。母與父似略有間，到小祥哀亦略減；然哭二親，終不可爲訓。」

曾有一位讀者，覺得袁枚的這種議論很可怪。「爲什麼哭父母不可以有詩呢？雖則引經據典，終竟難於理解。〈蓼莪〉詩中分明有『哀哀父母，生我劬勞』，『哀哀父母，生我勞瘁』等語，怎麼能說不是哭父母？即使相信〈毛詩序〉，但詩序於『刺幽王也』下，明明也說『民人勞苦，孝子不得終養爾』，依然承認是哭父母。」

這位讀者的話不無道理。袁枚反對用詩悼念父母，依照常情，其主張很難爲人接受。但他既然說出「父母恩如天地」的話，這種源於天性的感激之情總會流露出來。在讀他的志怪小說集《子不語》時，我發現卷十三〈鏡山寺僧〉即寓含著對父母的深厚感情。我願請讀者一起欣賞：

錢塘王孝廉鼎實，余戊午同年，少聰穎，年十六舉於鄉，三試春官不第。有至戚官都下，留之邸中。偶感微疾，即屏去飲食，日啜涼水數杯，語其戚曰：

「予前世鏡山寺僧某也，修持數十年，幾成大道。惟平生見少年登科者，輒心艷之；又華富之慕，未能盡絕，以此尚須兩世墮落，今其一世也。不數日，當托生華富家，即順治門外姚姓是也。君之留我不出都，想亦是定數耶？」其戚勸慰之。王曰：「去來有定，難以久留，惟父母生我之恩，不能遽割。」乃索紙作別父書，大略云：「兒不幸客死數千里外，又年壽短促，遺少妻弱息，爲堂上累。然兒非父母眞子，有弟某，乃父母之眞子也。吾父曾憶某年在茶肆與鏡山寺某僧飲茶事耶？兒即僧也。時與父談甚洽，心念父忠誠謹厚，何造物者乃不與之後耶？一念之動，遂來爲兒。兒婦亦是幼年時小有善緣，鏡花水月，都是幻聚，何能久處？父幸勿以眞兒視兒，速斷愛牽，庶免兒之罪戾。」

出家人萬緣俱空。王鼎實既然以鏡山寺僧自居，就應當跳出五倫之外。確實，他也反複強調他不是他父親的「眞兒」，但他這樣說的目的，乃是爲了減輕父親內心的喪子之痛。這恰好表明了他對父母養育之恩的感戴，表明了他希望盡可能地給父母幾許安慰。

「余最愛言情之作」

余最愛言情之作，讀之如桓子野聞歌，輒喚奈何。

《隨園詩話》卷十第八二則錄汪可舟〈在外哭女〉云：「遙聞臨逝語堪哀，望我殷殷日百回。死別幾時曾想到，歲朝無路復歸來。絕憐艱苦爲新婦，轉幸逍遙入夜台。便即還家能見否，一棺已蓋萬難開。」〈過朱草衣故居〉云：「路繞叢祠鳥雀飛，依然門巷故人非。憶尋君自初交始，每渡江無不見歸。問疾榻前才轉盼，談詩窗外剩斜暉。絕憐童僕相隨慣，未解存亡欲扣扉。」沙斗初〈經亡友別墅〉云：「千石魚陂占水鄉，四時煙景助清光。弟兄不隔東西屋，賓主無分上下床。斗酒幾番當皓月，題詩多半在修篁。今朝獨棹扁舟過，回首前歡墮渺茫。」厲太鴻〈送全謝山赴揚州〉云：「生來僧祐偏多病，同往林宗又失期。兩點紅燈看漸遠，暮江惆悵獨歸時。」王孟亭〈歸興〉云：「漫理輕裝喚小舠，何緣歸興轉蕭騷。老來最怕臨岐語，燈半昏時酒半消。」宗介颿〈別母〉云：「垂白高堂八十餘，龍鍾負杖倚門閭。泣惟張口全無淚，話到關心只望書。」某婦〈送夫〉云：「君且前行莫回顧，高堂有妾勸加餐。」

在袁枚選錄的七首詩中，第一首寫父女之情，第二、第三、第四、第五首寫朋友之情，第六首敘親老遠別，屬母子之情，第七首側重於夫婦之間的人倫之情。總之，無一屬於男女之間的戀愛之情。足見袁枚所說的「情」，還是比較寬泛的。其〈詩說〉云：

人但知少陵每飯不忘君，而不知其於朋友弟妹夫妻兒女間，何在不一往情深耶？其冒不韙以救房公，感一宿而頌孫宰，要鄭虔於泉路，招李白於匡山，此種風義，又可以興，可以觀矣。

這裡的「一往情深」之「情」，也絕不至於被誤會爲「風情」。

袁枚本人的創作，也常以言情見長。他的〈祭妹文〉就是抒寫兄妹之情的散文名篇。作品從素文兒時的「嬰娓情狀」一直寫到她氣絕後「一目未瞑，蓋猶忍死待予」，極富抒情意味地描敘了素文一生的經歷及兄妹間的親密情狀，充滿感傷氣氛。歷代評論家常將本篇與韓愈的〈祭十二郎文〉、歐陽修的〈瀧岡阡表〉

並提，譽之爲古今悼文中的傑作。

袁枚的〈哭阿良〉詩則是悼念亡女之作。阿良即良姑，袁枚第三女。生於乾隆二十九年，五歲夭折。詩寫得異常動情，比如下面的幾個片斷：

爺好治書齋，古玩堆琳琅。
兒偶遊其中，啞然道勝常。
一坐不肯起，看爺治文章。
聞爺喚齒痛，手自進糖霜。
知爺夜未歸，卧猶盼燈光。

* * *

昨日竹馬走，今日小棺藏。
昨宵舞蹈處，今宵涕淚場。
有汝何喧闐，虛室生吉祥。
無汝何闃寂，頃刻成僧房。

我怕聞哭聲，但願早聾盲。
朝出猶自可，夜歸魂倀倀。
人生到此際，五內生刀鋩。

這樣的詩句，眞有一種迴腸蕩氣的力量。

〈兒鬢〉所抒發的則是母子之情。這是乾隆三十六年的作品，那年，作者五十六歲，其母八十五歲。詩云：

手制羹湯強我餐，略聽風響怪衣單。
分明兒鬢白如許，阿母還當襁褓看。

在母親的眼中，兒子永遠是小孩。這種親切的情感體驗，雖然瑣細，卻感人至深。

最後，我們來讀《隨園詩話》卷八第七九則：

或有句云：「喚船船不應，水應兩三聲。」人稱爲天籟。吾鄉有販鬻者，不甚識字，而強學詞曲；〈哭母〉云：「叫一聲，哭一聲，兒的聲音娘慣聽；如何娘不應？」語雖俚，聞者動色。

聞者之所以動色，正因〈哭母〉詞是從感情深處發出的「天籟」。

感舊

雕欄斛淂幾時好，不獨憑欄人易老。百年興廢更堪哀，懸知草莽化池台。遊人尋我舊遊處，但覓吳山橫處來。

嚴冬友嘗誦厲太鴻〈感舊〉云：「『朱欄今已朽，何況倚欄人？』可謂情深。」余曰：「此有所本也。歐陽詹〈懷妓〉云：『高城不可見，何況城中人？』」

這是《隨園詩話》卷十四第三七則。袁枚對他提到的兩首詩，理解有誤。厲鶚（太鴻）「撫今追往，悵時光之消逝」，歐陽詹「綿綿思遠道，恨空間之阻隔」，二者旨趣迥殊。如果說厲鶚的詩確有所本，應當舉北宋蘇軾的〈法惠寺橫翠閣〉詩的最後幾句：

雕欄能得幾時好，不獨憑欄人易老。
百年興廢更堪哀，懸知草莽化池台。
遊人尋我舊遊處，但覓吳山橫處來。

人生短暫，池台也並不永恆；在無限的時間之流中，一切都是暫時的存在。「雕欄能得幾時好？不獨憑欄人易老。百年興廢更堪哀，懸知草莽化池台。」拿這四句與厲鶚的「朱欄今已朽，何況倚欄人」比照，更能體會出厲詩的蘊含。

清代郭頻伽〈鹿城感舊〉詩云：「不論橋上驚鴻影，兼失年時舊板橋。」其機杼亦本於蘇詩。袁枚誤以「感舊」與「思遠」聯類，也許是一時失誤；也許是由於他不喜歡蘇軾，對蘇詩的滄桑之慨較爲陌生之故。

「春江水暖鴨先知」

竹外桃花三兩枝，春江水暖鴨先知。蔞蒿滿地蘆芽短，正是河豚欲上時。

北宋蘇軾〈惠崇春江晚景〉詩云：

竹外桃花三兩枝，春江水暖鴨先知。
蔞蒿滿地蘆芽短，正是河豚欲上時。

這是蘇軾爲惠崇畫的「春江晚景」而題的一首詩。詩再現了畫幅所展示的江南美景：一片江岸叢竹；叢竹之外，露出幾枝桃花。它們和春江綠水相互映照，構成明麗而又淸幽的環境，而那幾隻鴨子就在這樣的環境中自由自在地嬉戲、游泳。這畫面已經充滿生意盎然的情趣。但詩人的筆並未停留於此，而是進一步寫出了他觀看這幅畫時產生的聯想：桃花如此鮮艷，春水這樣暖和，那麼，蔞蒿和蘆筍也該長起來了，河豚大概正逆流而上，發出撲簌簌的聲音。這樣虛實結合，尤其富於魅力地表現出了春江晚景的美。

蘇軾這首〈惠崇春江晚景〉詩，當得起「詩與畫亦即亦離，機趣靈妙」的讚譽。但令人驚詫的是，淸初的毛奇齡卻咬定這詩並不出色。《隨園詩話》卷三第九則云：

東坡近體詩……，毛西河（奇齡）詆之太過。或引「春江水暖，鴨先知」，以爲是坡詩近體之佳者。西河云：「春江水暖，定該鴨知，鵝不知耶？」此言則太鶻突矣。若持此論詩，則《三百篇》句句不是：在河之洲者，斑鳩鳲鳩皆可在也，何必「雎鳩」耶？上邱隅者，黑鳥白鳥皆可止也，何必「黃鳥」耶？

毛奇齡一向偏愛唐詩、討厭宋詩，尤其不喜歡蘇東坡詩。袁枚也不喜歡蘇東坡詩，但還承認「春江水暖鴨先知」屬於好句，毛奇齡竟矢口加以詆毀。此事亦載於毛奇齡《西河詩話》卷五，略云：

汪（懋麟）舉「春江水暖鴨先知」，不遠勝唐人乎？余曰：此正效唐人而未能者。「花間覓路鳥先知」，此唐人句也。覓路在人，先知在鳥，鳥習花間故也，先者，先人也。若鴨則先誰乎？水中之物皆知冷暖，必以鴨，妄矣。

汪懋麟是王士禎的弟子，他從唐詩入手，但後來專攻宋詩，大約是受了王士禎的影響。他因主張宋詩，而同毛奇齡發生了爭論。從《西河詩話》的記載來看，毛奇齡雖是強詞奪理，但還不同於兒童吵架般的無聊口角。

也許是有意將毛奇齡漫畫化，王士禎《居易錄》卷二在記汪、毛的爭論時略有「加工」。一天，在一次宴會上，汪、毛又鬧起了分歧。汪懋麟舉出「竹外桃花三兩枝，春江水暖鴨先知」云云，反駁道：「如此詩亦可道不佳耶？」毛奇齡怫然作色道：「鵝也先知，怎只說鴨？」如此口吻，當然只是笑枋中的材料。故袁枚也不客氣地評之為「太鶻突」。

明代馮夢龍《廣笑府》卷一〈賦詩〉嘲笑人論詩太「實」，饒有趣味。蘇州某人有兩個女婿：長秀才，次書手。秀才經常鄙薄書手，說他「不文」。書手不服，請比試一番。秀才作詠月詩，第一句是：「清光一片照姑蘇」，「書手聽了」，大叫道：「這句不對，難道月亮只照姑蘇嗎？應該說『照姑蘇等處』。」「鵝也先知，怎只說鴨？」與書手論詩屬於同一類型。

據《列朝詩集》丁集譚元春傳後的記載，鍾惺有詩：「桃花少人事」，詆之者曰：「李花獨當終日忙乎？」譚元春有詩：「秋聲半夜眞」，詆之者曰：「甲夜乙夜秋聲尚假乎？」這是「定該鴨知，鵝不知耶」的先例，可謂前有古人。

女鬼的詩

或許「鬼氣」的特徵是：取景於深夜，而筆致淒迷！

〈隨園詩話〉補遺卷九第四六則載：

丁酉二月，陳竹士秀才寓吳城碧鳳坊某氏，一夕，夢有女子傍窗外立，泣且歌曰：「昨夜春風帶雨來，綠紗窗下長莓苔。傷心生怕堂前燕，日日雙飛傍硯台。」「東風幾度語流鶯，落盡庭花鳥亦驚。最是夜蘭人靜後，隔窗悄聽讀書聲。」及曉，告知主人。主人泫然曰：「此亡女所作。」

主人亡女的這兩首詩，也許是生前所作，否則主人不會說得那麼肯定。但從「傍窗外立泣且歌」的交待看，詩中的情景似與其鬼的身分吻合，那麼，就應該是她死後的作品了。袁枚敘述得不太明晰，讀者只好存疑。

《隨園詩話》補遺卷十第五三則亦與女鬼有關：

嚴小秋丁巳二月十九夜，夢訪隨園，過小桃源，天暗路滑，滿地葛籐，非平日所行之路。不數武，見二碑，苔蘚斑然，字不可識。時半鈎殘月，樹叢中隱約有茅屋數間，一燈如豆。急趨就之，隔窗聞一女郎吟曰：「默坐不知寒，但覺春衫薄。偶起放帘鈎，梅梢纖月落」又一女郎吟曰：「瘦骨禁寒恨漏長，勾人腸斷月茫茫。傷心怕聽旁人說，依舊春風到海棠。」方欲就窗窺之，忽聞犬吠驚覺。此殆女鬼而能詩者耶？

前一則中的「女子」，既是主人的亡女，當然是女鬼無疑。這一則中的兩位「女郎」，袁枚根據什麼推測她們是「女鬼」呢？也許是由於她們所吟的詩帶有「鬼氣」吧？

說到「鬼氣」，其實也是很難把握的。唐代陳劭的《通幽記》中，有篇〈武丘寺〉，裡面正有三首鬼詩，不妨引錄其一，以資比較：

高松多悲風，蕭蕭清且哀。
南山接幽隴，幽隴空崔嵬。
白日徒煦煦，不照長夜台。
雖知生者樂，魂魄安能迴。
況復念所親，慟哭心肝摧。
慟哭更何言，哀哉復哀哉！

這首詩，一讀就知是「鬼語」，而不只是感受到縷縷「鬼氣」。因此，我們還是未弄明白「鬼氣」究竟是怎麼回事。

《隨園詩話》補遺卷四第二三則王如山有詩云：「夜深微雨過，積翠滴成音」，其族兄王春溪「嫌有鬼氣」。或許「鬼氣」的特徵是：取景於深夜，而筆致淒迷！

作祟。

詩讖

袁枚以爲，詩讖之説不必懷疑，以其事後附會的釋詩方法，終歸是迷信心理作祟。

中國古代有很多關於詩讖的傳說。晚唐的來鵬，詩思清麗，考前練筆，有這樣兩句：「一夜綠荷風剪破，賺他秋雨不成珠。」朋友們讀了，以爲是不祥之兆，這年他果然沒有考中。北宋的丁謂，被貶謫到海南的崖州。召還途中，有〈寄友人〉詩；「九萬里鵬重出海，一千年鶴再歸巢。」粗看去，句健意清，頗有再展宏圖的氣象。但有人評議說：「鵬處於海爲得地，出海則失水；鶴返其巢，則不能翱翔矣。」後來丁謂眞的沒有再擔任重要職務。這兩件事，李頎《古今詩話》分別題爲〈來鵬詩讖〉、〈丁晉公詩讖〉。

《隨園詩話》也常以「詩讖」爲話題。比如補遺卷四第二三則載，王春溪課徒山中，夏日偶以陶詩「中夏貯淸陰」命題。其族弟如山，結句云：「夜深微雨過，積翠滴成音。」王春溪「賞其作意，而嫌有鬼氣。」。不逾月，王如山果以病卒。袁枚和王春溪因此更加相信「詩讖之說，非漫然也」。又記袁枚壬申入都，途中遇雪，有句云：「僕夫與主人，麻衣無短長。」過了五個月，袁枚之父去世。

卷八第五則甚至將詩讖的範圍擴大到廣泛的社會生活：

詩讖從古有之。宋徽宗〈詠金芒生〉詩，曰：「定知金帝來爲主，不待春風便發生。」已兆靖康之禍。後蜀主孟昶〈題桃符貼寢宮〉云：「新年納餘慶，嘉節號長生。」後太祖滅蜀，遣呂餘慶知成都。王陽明擒宸濠，勒石廬山，有「嘉靖我邦國」五字。亡何，世宗即位，國號嘉靖，揚州城內有康山，俗傳康對山曾讀書其處，故名。康熙間，朱竹坨遊康山，有「有約江春到」之句。今康山主人穎長方伯，修葺其地，極一時之盛，姓江，名春：亦一奇矣！

袁枚言之鑿鑿，似乎詩讖之說不必懷疑。但這樣事後附會的釋詩方法，終歸是迷信心理在作祟。比較起來，我以爲宋代洪邁《容齋隨筆》卷一〈詩讖不然〉講得更有道理，故特予引述，以饗讀者：「今人富貴中作不如意語，少壯時作衰病語，詩家往往以爲讖。白公十八歲，病中作絕句云『久爲勞生事，不學攝生道，少年已多病，此身豈堪老？』然白公壽七十五。」

煞風景語

袁枚以為，真話、實話不一定有趣、有味，因此，無理有情，愈痴愈妙，不必以「說破」為高。

清代的佟法海寫過一首題爲〈潯陽樓〉的詩：

琵琶一曲斷腸聲，觸撥當筵謫宦情。
為語江州白司馬，留將眼淚哭蒼生。

這首詩可視爲唐人白居易〈琵琶行〉一詩的翻案之作。唐憲宗元和十年（八一五年），白居易被貶爲江州（今九江）司馬。次年秋，他送客九江城西，忽聞江邊船上傳來琵琶聲。問其人，本長安歌女。她雖演技絕妙，但終因年老色衰而嫁作商人婦，獨守空船，極爲淒涼孤寂。白居易於是擺酒席請其入座彈奏，並聽她講述了平生經歷。琵琶女的身世引發了白居易的聯想：他很有才能，但卻不容於權貴，被貶謫到這黃蘆苦竹叢生的江州，誠所謂「同是天涯淪落人」！想到這些，白居易潸然淚下，情不自禁地寫下了〈琵琶行〉一詩。

佟法海的〈潯陽樓〉曾被選入《清詩別裁集》卷十八，說明它頗受沈德潛欣賞。這首詩也確有可稱道之處。從技巧看，佟作似乎直而實曲折。一、二句叙事，云「斷腸聲」，云「謫宦情」，其語意頗多同情，彷彿作者亦欲爲白居易一掬同情之淚。但「爲語」二句，卻突然轉到反面，一變而爲責備。這就是顯得曲折，頗有神采。

從內容看，〈潯陽樓〉亦立意不俗。古代詩人詠讚這一題材的作品頗多，其主旨大多表現一種故作達觀的態度。如宋葛立方《韻語陽秋》卷第九所載：「盜殺武元衡也，白樂天（居易）爲京兆掾，初非言責，而請捕盜，以必得爲期。故因聞琵琶，乃有天涯淪落之感，至於淚濕青衫之上，何憊如此哉！余先文康公嘗有詩云：『平生趣操號安恬，退亦怡然進不貪。何事潯陽恨遷謫，輕將清淚濕青衫。』」佟法海亦題詠此事，亦責備白居易，但表現的卻是「先天下之憂而憂」之旨，胸次頗高。

以上是我們按常人的眼光對佟法海〈潯陽樓〉詩作出的評介。當我們比照這一評介來看袁枚的意見時，也許會大吃一驚，也許會倍感情味盎然。

《隨園詩話》卷一第四八則：

有妓〈與人贈別〉云：「臨岐幾點相思淚，滴向秋階發海棠。」情語也。而莊蓀服太史〈贈妓〉云：「憑君莫拭相思淚，留著明朝更送人。」說破，轉覺嚼蠟。佟法海〈吊琵琶亭〉云：「司馬青衫何必濕，留將眼淚哭蒼生。」一般殺風景語。

袁枚批評佟法海殺風景，大概是指他話雖然說得有理，但卻破壞了美好的情調，使人掃興。在袁枚看來，眞話、實話不一定有趣、有味，因此，無理有情，愈痴愈妙，不必以「說破」爲高。袁枚的這一看法，在《隨園詩話》中不時可以見到，如卷七第二九則：

七夕，牛節、織女雙星渡河，此不過「月桂」、「日烏」、「乘槎」、「化蝶」之類，妄言妄聽，作點綴詞章用耳。近見蔣苕生作詩，力辨其誣，殊覺無謂。嘗調之云：「譬如讚美人『秀色可餐』，君必爭『人肉喫不得』，算不得聰明也。」

袁枚不滿於他人的「殺風景語」，如此立論，足見其詩人氣質。只是，與佟法海的〈潯陽樓〉詩相近，袁枚的某些詩也有他所說的「殺風景」之嫌，比如〈馬嵬〉：

> 莫唱當年〈長恨歌〉，人間亦自有銀河。
> 石壕村裡夫妻別，淚比長生殿上多。

不知袁枚將如何爲自己辯護？倘說「詩貴翻案」，袁詩以翻案見長，佟法海的詩，又何嘗不具備這一優點？

屍香

「屍香」與人品構成一種對應與象徵的關係。

施全是宋高宗時的殿前司小校。一一五〇年初，他因恨秦檜奸邪誤國，殺害岳飛等忠良，在路上劫殺秦檜，事敗被捕，處以磔刑（割剮）。據說，施全被捕後，秦檜曾親自審問，施全說：「全國都和金朝是仇敵，唯獨妳要降金，我就要殺你！」施全的言行，在當時曾感動了許多人，比如朱熹就說：「舉世無忠義氣，忽見施全身上發出來。」

五百多年後，袁枚瞻仰了涌金門外的施將軍廟。滿懷敬仰之情，他寫下了〈施將軍廟〉一詩。其小序云：「將軍名全，以小校刺秦檜不克，死」，詩的全文如下：

一德格天閣正新，一刀殺賊乃有人。

轂天冤憤仗誰雪？殿前小校施將軍。
將軍煉心如煉鐵，可惜荊軻疏劍術。
事雖不了鬼神驚，懸頭市上香三日。
當時元奸黨滿朝，縛虎如羊氣太驕。
忽然刀光狹路照，太師頸上風蕭蕭。
嗚呼！
三字獄，兩宮駕，總在將軍此刀下。
後代聞英風，尚且有興者。
君不見，胸碎銅椎阿合馬！

文字淺近平易，讀者不難理解。值得特別加以說明的是「懸頭市上香三日」一句，極有魅力地表達了袁枚對高尚品格的推重與崇敬。《隨園詩話》記明末江陰女子被清兵俘虜後，嚙指血題詩赴江而死，詩曰：「寄語路人休掩鼻，活人不及死人香。」〈施將軍廟〉中的「香」即取此意。

的確，「香」是高尚品格的象徵。唯有高尚的品格，才能散發出彌漫於天地之間的芬芳的氣息。爲了理解袁枚的這一題旨，讀者還可參閱《子不語》卷十五〈屍香〉（二則）：

杭州孫秀姑，年十六，爲李氏養媳。李翁挈其子遠出，家只一姑，年老矣。鄰匪嚴虎，窺秀姑有色，藉乞火爲名，將語挑之，秀姑不從。乃遺所孌某作餌，搔頭弄姿爲蠱惑計。秀姑告其姑，姑罵斥之。嚴虎大怒，詈曰：「女奴不承抬舉，我不淫汝不止。」朝夕飛磚撬門。李家素貧，板壁單薄，絕少親友。嚴又無賴，鄰人無敢攖其鋒。於是婆媳相持而哭。一日者，秀姑晨起梳頭，嚴與其孌登屋上，各解褌挺其陽以示之。秀姑不勝忿，遂密縫內外衣，重重牢固，而私服鹽鹵死。其姑哀號，欲告官，無爲具呈者。忽有異香從秀姑所卧處起，直達街巷，行路者皆愕眙相視。嚴虎知之，取死貓死狗諸穢物羅置李門外，以亂其氣，而其香愈盛。適有總捕廳某路過，聞其香怪之，查問街鄰，得其冤，乃告知府縣，置嚴虎於法，而旌秀姑於朝，至今西湖上牌坊獨存。

荆州府范某，鄉居，家甚富而早卒，子六歲，倚其姐以居。姐年十九，知書解算，料理家務甚有法。族匪范同，欺其弟幼，屢來借貸。姐初應之，繼爲無厭之求，姐不能厭。范同大怒，與其黨謀去其姐，爲吞噬計。乃俟城隍賽會時，沈其姐於河，又縛沈一錢店少年，以兩帶束其屍，報官相驗，云「平素有奸，懼人知覺，故相約同死」，縣官信之，命棺殮掩埋而已。范氏家產，盡爲族匪所占。逾年，荊州太守周鍾宣到任，過范女墳，有昇香從其墳起，問書役，中有知其冤者，爲白其事。乃掘男女兩墳，驗之，屍各如生，手足頸項皆有捆縛傷痕。於是拘訊范同，則數日前已爲厲鬼祟死矣。太守具酒食香紙，躬祭女墳，表一碣曰「貞女范氏之墓」，冤白後，兩屍俱腐化。

這兩篇都是志怪小說。秀姑與范氏兩位「貞女」，他們的屍體散發出濃郁的奇香，直接作用是有助於破案。但「顯靈」的方式可以是多種多樣的，她們唯獨鍾情於「異香」，無疑是因爲「異香」與她們的人品構成一種對應和象徵的關係。

詩到能遲轉是才

事從知悔方徵學，詩到能遲轉是才。

袁枚〈箴作詩者〉云：

倚馬休夸速藻佳，相如終竟壓鄒枚。
物須見少方為貴，詩到能遲轉是才。
清角聲高非易奏，優雲花好不輕開。
須知極樂神仙境，修煉多從苦處來

這首詩的第四句又見於《隨園詩話》卷十四第五四則中：作詩能速不能遲，亦是才人一病。心餘〈賀熊滌齋重赴瓊林〉云：「昔著宮袍夸美秀，今披鶴氅見精神。」余曰：「熊公美秀時，君未生，何由知之？赴瓊林不披鶴氅也。」心餘曰：「我明知率筆，然不能再構思。先生何不作以示我？」余唯唯。遲半月，成七絕句，心餘以為佳。余乃出簏中廢紙示之，曰：「已七易稿矣。」心餘嘆曰：「吾今日方知先生吟詩刻苦如是，果然第七回稿勝五六次之稿也。」余因有句云：「事從知悔方徵學，詩到能遲轉是才。」

據《西京雜記》卷三記載：「枚皋文章敏疾，長卿制作淹遲，皆盡一時之譽。而長卿首尾溫麗，枚皋時有累句，故知疾行無善跡矣。」的確，只要是眞正的內行，都懂得：倚馬萬言的，是才子；十年作一賦的，興許是更有生命力的才子。但在有些人眼裡，尤其是在明末淸初的才子佳人小說當中，「才」卻是與「速」分不開的。當時比較著名的三部才子佳人小說（《玉嬌梨》、《平山冷燕》、《好逑傳》）毫無例外地推崇那種下筆千言的「才」，例如《平山冷燕》寫天子召見十歲的才女山黛，令其當場「撰新詩三章上頌。」山黛「略不經思，也不起草，竟在龍箋上端端楷楷一直書去，就如宿構於胸中的一般。」眞所謂「揮毫落紙」，即「作風雨而起雲煙者」，普通人對之，只好望洋興嘆。

以為才子必然下筆千言，這本是「俗語」，但當俗語流為丹青後，「詩到能遲轉是才」反倒成了必須附加說明的命題。袁枚的這則詩話是對這一命題的合理性的證實。蒲松齡《聊齋志異》卷十一〈織成〉也意在說明這一點。小說中的柳生是襄陽名士，洞庭君令其賦「風鬟霧鬢」，柳生因構思頗遲受到譏誚。柳生解釋道：「昔《三都賦》十稔而成，以是知文貴工，不貴速也。」自辰至午，稿始脫。洞庭君覽之，大悅曰：「眞名士也！」這樣來寫名士的才，見得蒲松齡亦非三家村學究。

南京洪邁《容齋續筆》卷八〈詩詞改字〉記載：

王荆公絕句云：「京口、瓜洲一水間，鍾山紙隔數重山。春風又綠江南岸，明月何時照我還。」吳中士人家藏其草，初云「又到江南岸」，圈去「到」字，注曰「不好」，改爲「過」，復圈「去」而改爲「入」，旋改爲「滿」，凡如是十許字，始定爲「綠」。黃魯直詩：「歸燕略無三月事，高蟬正用一枝鳴。」「用」字初曰「抱」，又改曰「占」，曰「在」，曰「帶」，曰「要」，至「用」字始定。予聞於錢伸仲大夫如此。今豫章所刻本，乃作「殘蟬猶占一枝鳴」。向巨原云：「元不伐家有魯直所書東坡〈念奴嬌〉，與今人歌不同者數處，如『浪淘盡』爲『浪聲沈』，『周郎赤壁』爲『孫吳赤壁』，『亂石穿空』

爲『崩雲』，『驚濤拍岸』爲『掠岸』，『多情應笑我早生華髮』爲『多情應是笑我生華髮』，『人生如夢』爲『如寄』。不知此本今何在也？

王安石、黃庭堅、蘇軾「改字」的事，亦可作爲「詩到能遲轉是才」的例證。

江山也要偉人扶

江山也要偉人扶，神化丹青即畫圖。

袁枚作有〈謁岳王墓〉組詩十五首，其中一首是：

江山也要偉人扶，神化丹青即畫圖。
賴有岳於雙少保，人間始覺重西湖。

詩中提到的岳王墓，即岳飛墓，通稱岳墳。在西湖邊棲霞嶺下岳王廟中側。

南宋紹興十一年，名將岳飛因堅決反對和議而被秦檜等人殺害。岳飛被害後，獄卒隗順潛負其屍，葬於北山之湄。隆興元年，宋孝宗即位後，以禮改葬於此。墓前建有墓闕，闕前有照壁，上嵌明人洪珠書「盡忠報國」四字。過闕門有甬道至墓前，道旁列石人石獸。正中爲岳飛墓。左側爲其子岳雲墓。墓闕下有四個鐵鑄人像，反剪雙手，面墓而跪，即陷害岳飛的秦檜、王氏（檜妻）、張俊、萬俟卨四人。跪像背後墓闕下有楹聯：「青山有幸埋忠骨；白鐵無辜鑄佞臣。」墓園照壁前南北兩廂各有碑廊，陳列歷朝石碑一百二十五塊。北廊是岳飛詩詞、奏札等手跡，南廊是歷代名人憑吊題詠。

袁枚這首詩提出了一個含蘊頗深的命題：「江山也有偉人扶」。亦即：許多名勝古跡之所以高名百代留，往往不是或不只是因其自身的素質，而多半與歷史偉人的活動有關。以西湖爲例，正是由於與岳飛、於謙兩位少保關係密切，才爲人們所看重和珍視。

名勝與偉人的關係也制約和引導著遊賞者的趣味。後人千里來遊，常常不只是餐江山勝景，一飽眼福，而是藉歷史舊跡寫現實感慨，從歷史和現實的聯繫中挖掘出發人深省的題旨，或者表達憂國傷時的情懷。比如元初趙孟頫的〈岳鄂王墓〉：

鄂王墓上草離離，秋日荒涼石獸危。
南渡君臣輕社稷，中原父老望旌旗。
英雄已死嗟何及，天下中分遂不支。
莫向西湖歌此曲，水光山色不勝悲。

趙孟頫是宋宗室，故對南宋政權的覆亡有切膚之痛。而當年岳飛的被害，實際上是南宋抗金局勢的一個重要轉折點，對後來國運的變化有深遠的影響。詩人以亡國之民，對此感受尤深。因此，他來憑吊岳飛墓時，面對水光瀲灩，山色空濛的西湖，不僅沒有一絲陶醉，反而觸景生悲，內心充滿了哀悼之情。「莫向西湖歌此曲，水光山色不勝悲。」趙孟頫所表達的主要是對故國的懷思和對淪亡的痛苦，美麗的西湖風景並未產生令人賞心悅目的魅力。

再來讀一首明初高啓的〈吊岳王墓〉：

大樹無枝向北風，十年遺恨泣英雄。
班師詔已來三殿，射虜書猶說兩宮。
每憶上方誰請劍，空嗟高廟自藏弓。
棲霞嶺上今回首，不見諸陵白露中。

主張和議，殺害岳飛的禍首，南宋人大都認爲是秦檜。而明代許多人則持論有別，在他們看來，「區區一檜亦何能」，不過「逢」宋高宗之「欲」而已。沒有宋高宗之「欲」，其如岳飛何?·高啓這首詩集中批評「高廟（宋高宗）自藏弓」，表達了對歷史的一個值得重視的見解。

「江山也要偉人扶」，從某種意義上說，「偉人」是比「江山」更受遊賞者關注的。

峽山寺飛泉亭

觀今山川，地占數百里，可遊可居之處十無三四，而必取可居可遊之品。而君子之所以渴慕林泉者，正謂此佳處故也。

峽山寺在廣東高要縣高峽山。袁枚曾在飛泉亭從容自在地觀賞瀑布，下山後，興致勃勃地寫了〈峽山寺飛泉亭記〉一文。他頗有心得地說：

我近年來觀賞的瀑布很多，來到峽山寺而戀戀不捨，那是因爲有飛泉亭的緣故。

大凡人的情緒，即使視覺愉快，而身體不舒服，也難以久留。天台山的瀑布，距國清寺百步之遠；雁宕山的瀑布，附近沒有寺廟；其他如盧山、如羅浮山、如青田縣的石門山，那裡的瀑布未嘗不奇麗，但遊人都置身在烈日中，憑倚在高山邊，沒法安閒舒適地觀賞，好似與友朋旅途相遇，儘管歡暢卻容易分手。唯有盧東的峽山，山高不過一里左右，但有石級路曲折盤旋，古松覆蓋，檔住了灼熱的陽光。走過山腰，就見飛瀑雷震，從高空傾瀉下來。瀑布附近有間房子，就是飛泉亭了。亭子的面積約一丈見方，八窗明淨，合上窗戶可聽到瀑布的笑聲，推開窗戶瀑布便撲面而來。置身其間，可以坐，可以卧，可以舒腿伸足，可以隨意活動，可以寫字作畫，可以品茶飲酒。以悠閒自得之人，欣賞奔騰不息之瀑，如同把九天銀河移到几案坐席間來玩賞，當時修建此亭的人，眞可算得神仙！

澄波和尙會下棋，我讓霞裳同他對弈，於是瀑布聲、棋子聲、松濤聲、鳥鳴聲，交匯成一片。過了片刻，又聽到拄杖聲從雲霧間傳來，原來是懷遠老和尙，抱著一尺多厚的詩集來請我寫序。於是吟詠之聲又響了起。天籟人籟，融而爲一。沒想到觀瀑之樂，竟達到這種程度，飛泉亭的作用可眞大呀！

袁枚這篇〈峽山寺飛泉亭記〉，強調峽山寺觀瀑與他處觀瀑的區別乃在於「飛泉一亭」，寫得筆飛墨舞，才氣橫溢。如果要從文化精神的角度略作歸結，那麼，袁枚所談，乃是中國古代文人欣賞山水的一貫主張。北宋郭熙的〈山水訓〉說：「世之篤論，謂山水有可行者，有可望者，有可遊者、有可居者。……

但可行可望，不如可居可遊之爲得。何者?觀今山川，地占數百里，可遊可居之處十無三四，而必取可居可游之品。而君子之所以渴慕林泉者，正謂此佳處故也。」不錯，峽山有石級路曲折盤旋，於是成爲「可遊」之處;修建飛泉亭後，更不僅「可游」，而且「可居」了。

袁枚反覆渲染「可居」之樂，讀者也不知不覺地受到感染。

武夷九曲

人們常用山勢的曲折來比喻文章，如「文似看山不喜平」，而袁枚卻以文喻山，倒也別開生面。

武夷山位於福建崇安縣城南，是我國著名的風景區，有「奇秀甲於東南」之譽。主要風景是「溪曲三三水」（九曲溪），「山環六六峰」（三十六峰）。九曲溪發源於三保山，經星村入武夷山，折爲九曲，到武夷宮前匯於崇溪，盤繞山中約七點五公里。南宋李綱的詩說：「一溪貫群山，清淺縈九曲；溪邊列岩岫，倒影浸寒綠。」頗能寫出水中看山的妙趣。

乾隆五十一年（一七八六），袁枚七十一歲，這年秋天，他出遊武夷山，寫了〈遊武夷山記〉一文。袁枚著力突出「武夷九曲」之「曲」：第一曲來到玉女峰，三峰比肩，秀麗挺拔。第二曲來到鐵城障，一道山岩宛如長長的屛風，似乎連聲音也傳不進去。第三曲來到虹橋岩，穴洞中收藏著千百根立柱木棋，橫斜參差，不腐朽，也不倒坍。第四、第五兩曲來到文公書院。第六曲來到晒布崖，崖狀斬絕，似用倚天劍截石爲牆，石壁陡峭聳立，上升的趨勢彷佛不可制約。我常暗笑人們賣弄權勢，天公總是挫抑他，唯獨對山，卻任其橫行直闖，凌逼莽蒼，不明白天公爲何不發怒？第七曲來到天遊峰。山越高，路越窄，竹樹越密。有座樓閣憑空而起，群山在下，如同四方諸侯，伏地向周王羅拜；又如大禹鑄造九鼎，魑魅罔兩，全部現形。第八曲來到小桃源伏虎岩。聽說第九曲沒什麼勝景，遂從山崖折了回去。

人們常用山勢的曲折來比喻文章，如「文似看山不喜平」；袁枚〈遊武夷山記〉卻以文喻山，倒也別開生面。袁枚說：我是學習古文的人。倘用文章筆法論山，那麼，武夷山沒有直筆，所以曲折；沒有平筆，所以險峭；沒有復筆，所以新奇；沒有散筆，所以遒勁嚴密。不必徵引神仙荒怪的故事來稱道武夷，就憑它自身的超凡脫俗的氣概，已足以在南線，北線兩大山系外獲得獨立的地位。袁枚對武夷山的讚譽是頗能引發讀者遊興的。

桂林諸山

南宋范成大以為，桂山之奇，宜為天下第一。

桂林山水，歷來著名，南宋范成大曾說：「桂山之奇，宜爲天下第一。」袁枚早年曾遊桂林，沒有留下什麼文字，晚年重遊，寫了〈遊桂林諸山記〉一文，彌足珍貴。

〈遊桂林山水記〉重點描叙棲霞洞的奇異景觀，袁枚筆飛墨舞地告訴讀者：

七星岩像萬丈高的牆壁一樣平地挺立，旁邊有個山洞，即棲霞洞。道士手執火把在前面帶路，起初還明亮，隨即便黑沈沈的，一片迷濛，以洞內岩石為天空，以沙礫作地面，以深溝作池塘，以懸崖作帷幔，以豎立在地面的石頭作柱子，以縱橫懸空的岩石作棟樑。進洞之前，本地人先將洞中的八十餘種岩石名目開列清單給我，如獅、駝、象、魚網、僧磬之類，雖屬附會，卻也有幾分道理。到東方透亮時，那洞就到了終點，可以出去了。計其路程，約二里左右。這段路把白天變成了黑夜。倘若火把接不上，或是堵死洞口，遊人便如同當年秦穆公陪葬的三位賢臣一樣，永遠被埋在地穴裡，要等下次開天闢地，才能見到天日。咳，也夠危險的了！

所說那個透亮的地方，望東首正是白處開著門，跑過去用手一摸，卻是陡峭的山壁。才明白是日光從西邊縫隙中射進來，反照在峭壁上放出光亮，並不是門。世上常有自以為明白事理，行為正當，其實卻一輩子面牆而立者，大概就類似於這種情形。

在〈遊桂林諸山記〉中，袁枚還描敘了獨秀峰、南薰亭、木龍洞、劉仙岩、鬥雞山等景點。隨後，他概括道：

大體上說，桂木的山，多岩洞，多孔穴，多高聳挺立，多像經過劍穿蟲蛀，前無來龍，後無去脈，突然從平地冒出，又突然蹤跡全無。西南沒有比鄰，東北沒有偶對，比他處的山更爲奇特，我從廣東來，一路經過陽朔，業已應接不暇：有的孤單，有的重迭，有的雄偉，有的清瘦，有的似人作揖行禮，有的像在角力鬥勝，或綿延起伏，或峭峰突起，即使是九頭的鶬鴰，獨角的貛疏，也不足以喻其既多且怪的情形。這難道不是廣西人孤芳自賞、獨具風格的原因麼？

除了〈遊桂林諸山記〉一文，袁枚同時還寫了〈同金十一沛恩遊棲霞寺望桂林諸山〉詩，詩與文相得益彰，讀者可以參看：

奇山不入中原界，走入窮邊才逞怪。
桂林天小青山大，山山都立青天外。
我來六月遊棲霞，天風拂面吹霜花。
一輪白日忽不見，高空都被芙容遮。

山腰有洞五里許，秉火直入沖烏鴉。
怪石成形千百種，見人欲動爭谽谺。
萬古不知風雨色，一群仙鼠依為家。
出穴登高望衆山，茫茫雲海墜眼前。
疑是盤古死後不肯化，頭目手足骨節相鉤連。
又疑女媧氏一日七十有二變，青紅隱現墜雲煙。
蚩尤噴妖霧，屍羅袒右肩。
猛士植竿發，鬼母戲青蓮。
我知混沌以前乾坤毀，水沙激蕩風輪顛。
山川人物熔在一爐內，精靈騰踔有萬千，彼此遊戲相愛憐。
忽然剛風一吹化為石，清氣既散濁氣堅。
至今欲活不得，欲去不能，只得奇形詭狀蹲人間。
不然造化縱有千手眼，亦難一一施雕鐫。
而況唐突真宰豈無罪，何以耿耿群飛欲刺天？

金台公子酌我酒，聽我狂言呼「否否」。
更指奇峰印證之，出入白雲亂招手。
幾陣南風吹落日，騎馬同歸醉兀兀。
我本天涯萬里人，愁心忽掛西斜月。

浙西三瀑

三瀑三異，卒無複筆

天台山的石梁瀑布，雁宕山的龍湫瀑布以及青田縣石門山的瀑布，是浙江省的三大勝景。乾隆四十七年（一七八二年），袁枚先後游歷了這三處名勝，「三瀑三異，卒無複筆」目睹之餘，寫了〈浙西三瀑記〉一文。

袁枚比較石梁瀑布和龍湫瀑布的差異說：石梁瀑布雄偉，龍湫瀑布文雅；石梁瀑布喧鬧，龍湫瀑布寧靜；石梁瀑布湍急，龍湫瀑布緩慢；石梁瀑布洶湧奔騰，一往無前，龍湫瀑布紛飛飄揚，回環往復。這樣的概括，醒目而又富於文采。

且看袁枚的具體描繪：

天台山石梁。四面山巒險峻，直插雲天，一層層環繞著石梁。石梁長二丈，寬三丈左右，有如大鰲魚的脊背橫跨山腰，其下空洞無物。瀑布水從華山頂上流來，平疊四層，至此會合，像萬馬結隊穿越石梁飛奔。凡水被岩石阻攔，必然激蕩飛濺，發出巨響；以崩落千丈之勢，被成群的大小岩石所阻遏，更是洶湧沖撞，聲響如雷，遊人面對面也聽不見彼此的說話聲。置身石梁，恍惚騎在瀑布上一樣。至山腳仰望，紛飛的水沫濺落頭頂，令人目光炫亂，坐立不穩，懷疑這身子會隨著瀑布水流走。

雁宕山大龍湫。在三里路之外，便見一匹白練從天而下，卻無聲響。近前仔細一看，原來距地面二十丈以上是瀑布，二十丈以下不是瀑布，全都變成了煙，變成了霧，變成了輕紗，變成了白玉粉末，變成了珍珠碎屑，變成了琉璃絲縷，變成了飛揚的柳絮；已經落下來了，又仿佛仍在上升，已經疏散開了，又仿佛仍交織在一起。山風吹來，四散飛揚，日光照來，五光十色。有時人在遠處，而頭卻被淋濕，有時近前觀賞，衣服卻滴水不沾。其原因在於：瀑布的落點太高，懸崖的腹中窪陷，流下的水沒有憑藉，只得隨風變化出種種姿態；加上很少山石阻攔，瀑布不能發出巨大的聲音。

在遊歷了石梁瀑布和龍湫瀑布後，袁枚以爲，大自然無論多麼巧妙，也不可能再有什麼新的花樣。誰知不然。青田縣的石門山瀑布中仍令人耳目一新：這裡的瀑布在石洞中，如同巨蚌張口，可吞下數百人。容受瀑布的池塘大約一畝左右，深一百丈，眞使人疑心蛟龍要從中騰起，激蕩之聲如在甕中敲鐘擊鼓。這情景是石梁瀑布、龍湫瀑布所沒有的。

在〈浙西三瀑記〉之外，袁枚還寫了好幾首詩來抒寫自己的遊歷感受。其中〈觀大龍湫作歌〉較爲出色，特予引錄，供讀者比照：

龍湫山高勢絕天，一條瀑走兜羅綿。
五丈以上尚是水，十丈以下全為煙。

況復百丈至千丈，水雲煙霧難分焉。
初疑天孫工織素，雷梭抛擲銀河邊。
繼疑玉龍耕田倦，九天咳唾唇流涎。
誰知乃是風水相搖蕩，波回瀾卷永綃聯。
分明合并忽迸散，業已墜下還遷延。
有時軟舞工作態，如浪如幔如盤旋。
有時日光來照耀，非青非紅五色宣。
夜明帘獻九公主，諸天花散維摩肩。
玉塵萬斛桔叟賭，明珠九曲桑女穿。
到此都難作此擬，讓他獨占宇宙奇觀偏。
更怪人立百步外，忽然滿面噴寒泉。
及至逼近龍湫側，轉復發燥神悠然。
直是山靈有意作遊戲，教我亦復無處窮真銓。
天台之瀑何狂顛？雁山之瀑何蟬嫣？

石門之瀑何喧闐？龍湫之瀑何靜妍？
化工事事無復筆，一瀑布爾形萬千。
要知地位孤高依傍少，水亦變化如飛仙。

世情百態

枯骨自贊

我們想讓人們讚揚自己，通常不過是為了被讚揚。

《續子不語》卷二〈枯骨自贊〉是一則諧趣盎然的諷刺小品：

蘇州上方山有僧寺，揚州汪姓者寓寺中，白日聞階下喃喃人語，召他客聽之，皆有所聞。疑有鬼訴冤，糾僧衆用犁鋤掘之，深五尺許，得一朽棺，中藏枯骨一具，此外並無他物。乃依舊掩埋。未半刻，又聞地下人語喃喃，若聲自棺中出者。衆人齊傾耳焉，終不能辨其一字。群相驚疑，或曰：「西房有德音禪師，德行甚高，能通鬼語，盍請渠一聽？」汪即與衆人請禪師來。禪師傴僂於地，良久，諦曰：「不必睬他，此鬼前世作大官，好人奉承，死後無人奉承，故時時在棺材中自稱自贊耳。」衆人大笑而散，土中聲亦漸漸微矣。

一位格言家在談到「讚揚」時說：

我們過分誇讚別人的好品質與其說是出於對他們功績的尊重，不如說是出於對我們自己意見的尊重，我們想讓人們讚揚自己，仿佛是我們造就了他們。

我們讚揚通常不過是爲了被讚揚。

這位格言家說得太精彩了！確實，每個人都渴望受到別人的「讚揚」，因爲這是對自我人生價值的一種肯定。但由於對生活的認識深淺不同，人與人之間對待讚揚的態度畢竟有別，有人明白「讚揚」只是一種交易，可以淡然處之；有人卻嗜「讚揚」如鴉片，恨不得時時刻刻有人奉承。這具「自讚」的「枯骨」即是如此。他前輩子作大官，好人奉承，死後無人奉承，便時時在棺材中自稱自讚。這未免太可笑了。

《隨園詩話》補遺卷八第五三則云：

有人好自讚其詩者，人以爲嫌。袁陶村云：「勿怪也。彼自己不讚，尙有何人肯讚耶？」又有人常露官氣者，人以爲嫌。陶村云：「勿怪也。彼除官外，一身尙有何物耶？」其言頗雋，故錄之。

人間木偶福偏多

欹斜野廟遍岩阿，嘈雜神弦唱九歌。消受香煙管何事？人間木偶福偏多。

東漢的侯霸，字君房，曾任大司徒。他與嚴光是老朋友，想邀嚴光到自己的住處說說話，於是派兵部官員侯子道帶著書信去請。嚴光連站也不站起來，就在床上曲著雙腿，抱膝而坐，打開書信看完。問侯子道：「侯霸一向傻氣，現在做了三公，強點了嗎？」侯子道說：「他已身居三公的高位，根本不傻。」嚴光問：「他派你來有什麼話說？」侯子道轉達了侯霸的意思。嚴光說：「你說他不傻，這不是傻嗎？皇帝多次徵聘我，我都不去見面，何況他這種人臣呢？」

故事中的嚴光，曾與漢光武帝劉秀是同學。劉秀做皇帝後，請嚴光做官，嚴光不幹，歸隱於富春山。他視東漢朝廷的大司徒爲「傻」，聽起來令人吃驚。但細加琢磨，又覺不無道理。

《隨園詩話》卷十四第二八則載：

余有句云：「人無風趣官多貴。」一時不得對。周青原對：「案有琴書家必貧。」吳元禮對：「花太嬌紅子必稀。」

「人無風趣」，畢竟不算聰明，但卻多爲貴官。「案有琴書」，畢竟爲人不俗，但卻不免貧寒。由此只能得出一個結論：「官」與「傻」有某種對應關係。所以北宋蘇軾的〈洗兒戲作〉詩云：

人皆養子望聰明，我被聰明誤一生。
惟願孩兒愚且魯，無災無難到公卿。

詩中的玩世疾俗之意姑且勿論；「惟願生兒愚且魯」二句，與「人無風趣官多貴」正可相互發明。

袁枚有首絕句，題爲〈浙東野廟甚多，賽會甚盛，戲題一絕〉詩云：

欹斜野廟遍岩阿，嘈雜神弦唱九歌。
消受香煙管何事？人間木偶福偏多。

做官的讀到這樣的句子，想來是會綯眉頭的。

《隨園詩話》卷十四第一五則載：

唐李揆自負才望，嘲人云：「龍章風姿士不見用，獐頭鼠目乃欲求官耶？」或反其意，贈相士云：「相法於今大不倫，我將秘訣告諸君。要看世上公侯相，先取獐頭鼠目人。」

或嘲笑公卿愚魯癡鈍，或嘲笑公侯獐頭鼠目，角度雖異不恭敬之意則同。

官運

僅僅天賦的某些巨大優勢並不能造就英雄，還要有運氣與它相伴。

華雍作淮寧令，有欽差某從廣東來，即日將過其境。華遣長隨張榮備辦公館。張故令幹僕，料理齊全，約費百金，而欽差又奉旨往他處審案，遂不果來。張榮正在傍徨間，適逢江西巡撫阿公思哈拿問進京，路當過此，張榮乃代主人具手本向前迎接，告稟公館已備。阿公大驚，以為素未謀面，又非屬員，何以有此禮文。既而進公館，則掛彩張燈，牲牢夫役，無不齊全。喜出意外，乃召張榮而諭之曰：「我係被罪之人，一路人情冷落，雖我所提拔屬吏，待我如冰，何以爾主如此隆情古道耶？汝主手本，我理應璧還，今一番感激之心，誠恐忘記汝主姓名，權將手本留下，以便為日後圖報之地。」諭畢，親自作書與華令，稱謝再三，方上馬去。張榮歸，以情節告知主人。主人責以多事。旁有幕友笑曰：「此奴辦差費重，不如此出脫，叫他從何開消耶？」主人笑而頷之。未二年，阿公起用為山西巡撫。華四參限滿，送部引見，奉旨發往山西。初次到轅稟謁，阿公如得至寶，遣家人致意司、道曰：「請大老爺緩見，我主恩人到矣！」即開中門，親迎至堂下，呼老賢弟，握手入內，羅列酒餚，待如上客。華長跪辭謝，懼不敢當。阿公曰：「有恩不報，我是何等人耶？今日我盡我心，明日汝行汝禮。」盡歡痛飲，送上轎而別。司、道聞之，莫不刮目。未半年，提昇通判。又半年，提昇同知。再昇至南安府知府。阿公調任河南，華亦乞養，滿載而歸。賞張榮二千金，張亦小康。

這篇題爲〈官運〉的小說，見《續子不語》卷六。華雍的經歷是富於喜劇性的。他派幹僕張榮備辦公館，本是爲了招待欽差大臣，不料欽差去了別的地方。張榮自作主張，用備好的公館接待阿思哈，本意只是銷帳。但處於逆境的阿思哈，卻將張榮的舉動當成了華雍的「隆情古道」之風的表現，並刻骨銘心，發誓定要報答。幾年後，阿思哈重新起用爲山西巡撫，於是，華雍的官運遂異乎尋常地好起來，一年多的功夫，便連昇三級，官至南安府知府。

華雍官運亨通，靠的是什麼呢？既不是品格的高貴，也不是才幹的優越，而是「運氣」。其中的一切都充滿了偶然性。如袁枚〈遭際〉詩所說：「風豈愛吹花落地，雲非肯讓月當天。要看遭際竟如此，世事悠悠總偶然。」或如幾條諷世格言所說：

人們所謂的德性，常常只是某些行爲和各種利益的集合，由天賜的運氣或自我的精明巧妙地造成。男人並不總是憑其勇敢成爲勇士，女人亦不總是憑其貞潔成爲貞女。

命運會推動一切使之有利於它青睞的人們。

袁枚能寫出〈官運〉這樣的小說，表明作者已不存在對「權威」或「聖賢」或「偉人」的盲目崇拜心理。「僅僅天賦的某些巨大優勢並不能造就英雄，還要有運氣與它相伴。」袁枚深知人類生活中有著種種的偶然性，所以，他對那些運氣」特別好的人，雖有幾許羨慕，卻從未拜倒在他們腳下。袁枚的頭永遠是高昂著的。他的〈偶然作〉一詩宣稱：

顏回無宣尼，一瓢何足算？
宰相三十年，雖庸有列傳。
君子愛其名，名權非我擅。
但看十七史，遜我者大半。

其〈不飲酒〉詩也說：

古來功名人，三皇與五帝。
所以名赫赫，比我先出世。

我已讓一先，何勞復多事？
平生行自然，無心學仁義。
天地亦偶然，往往如吾意。

一個才具不凡但在世俗社會中卻並不得意的人，何妨高視闊步，仰天長嘯？《子不語》卷三有〈兩神相毆〉一則，李（理）神與素（數）神較飲，李神才三杯便捧腹欲吐，素神飲畢七杯尚無醉色，玉帝由此得出結論說：「理不勝數，自古皆然。觀此酒量，汝等便該明曉，要知世上凡一切神鬼、聖賢、英雄、才子、時花、美女、珠玉、錦繡、名畫、法書，或得寵逢時，或遭凶受劫。素王掌管七分，李王掌管三分。素王因量大，故往往飲醉，顛倒亂行。……然畢竟李王能飲三杯，則人心天理、美惡是非，終有三分公道，直到萬古千秋，綿綿不斷。……」玉帝的話，或許比「世事悠悠總偶然」的說法妥當些。

雷公不公

擊牛不擊虎，勝之不為武；擊賤不擊貴，雷乃勢利祖。

袁枚的〈聞雷〉是一首立意不俗的詩：

六月雲雷盛，霹靂西南郊。
震殺一田夫，其鄰何嘵嘵。
道是無惡狀，蒼蒼刑罰偏。
我往謂其鄰：爾毋言逆天。
天生復天殺，於汝何尤焉？
鄰曰大不然，人心如其面。
於心有不安，父母貴幾諫。
晉獻殺申生，春秋有貶辭；

宣王誅杜伯，左儒請死之。
三槐與九棘，要使天下聞。
雷雖篆其背，模糊不成文。
謂是前世孽，前生天夢夢；
謂有隱慝焉，曷不示之衆？
擊牛不擊虎，勝之不為武；
擊賤不擊貴，雷乃勢利祖。
巍巍真宰心，與人異好惡。
雨師與風伯，胡不救其誤？
余聞鄰翁語，惻然不能言。
死者良已矣，無人招其魂。

這首詩夾敍夾議，對處事不公的雷公給予了嚴厲指斥。依一般的說法，凡爲雷擊中之人，一定是做了什麼傷天害理的事，但這位被「震殺」的「田夫」卻並無劣跡。袁枚藉鄰翁之口，批判雷公非但不是正義力量的化身，相反，它善惡不分欺弱怕強，乃「勢利」之風的鼻祖。袁枚筆下的雷公，是不配讀者敬重的。

《子不語》卷二〈雷公被紿〉與〈聞雷〉旨趣相通：

南豐徵士趙黎村言：其祖某，爲一鄉豪士。明季亂時，有匪類某，武斷鄉曲，慣爲糾錢作社之事，窮氓苦之。趙爲告官，逐散其黨。諸匪無所得，積怨者衆，趙有膂力，群匪不敢私報。每天陰雷起，則娶其妻孥，具豚蹄禱曰：「何不擊惡人趙某耶？」一日，趙方採花園中，見尖嘴毛人從空而下，響轟然，有硫黃氣。趙知雷公爲匪所紿，手溺器擲之曰：「雷公！雷公！吾生五十年，從未見公之擊虎，而屢見公之擊牛也，欺善怕惡，何至於此！公能答我，雖枉死不恨。」雷噤不發聲，怒目閃閃，如有慚色；又爲溺所污，竟墜田中，苦吼三日。其群匪嗜曰：「吾累雷公，吾累雷公。」爲設醮超渡之，始去。

雷公妄擊趙某，雖是被匪類所騙，但據趙某證實，五十年間，只見雷公「擊牛」，不見雷公「擊虎」，欺善怕惡，已成慣例，並不只是偶然失誤。趙某的話，使讀者意識到：那些手握權柄者，高高在上，常是邪惡勢力的幫兇，我們萬不可太天眞，指望他們來伸張正義。自然，我們也絕不能因此放棄正義感。〈聞雷〉詩中的鄰翁與〈雷公被紿〉中的趙某，堪作讀者爲人處世的楷模。

《子不語》卷六〈祭雷文〉中的雷公知錯便改，倒不失爲「公」：

黃湘舟云：渠田鄰某有子，生十五歲，被雷震死。其父作文祭雷云：「雷之神，誰敢侮雷之擊，誰敢阻。雖然，我有一言問雷祖：說是我兒今生孽，我兒今年才十五。說是我兒前世孽，何不使他今世不出土？雷公雷公作何語！」祭畢，寫其文於黃紙焚之，忽又霹靂一聲，其子活矣。

「天上以秀民爲第一」

袁枚筆下的「秀民」換一個說法，其實就是才情不俗的文人。

《子不語》卷十一〈秀民冊〉以志怪筆調講述了一個啓人思索的故事：

丹陽荆某，應童子試，夢至一廟，上坐王者，階前諸吏捧冊立，儀狀甚偉。

荆指冊詢吏何物，答曰：「科甲冊。」荆欣然曰：「爲我一查。」吏曰：「可。」荆生平以鼎元自負，首請鼎甲冊，遍閱無名。復查進士、孝廉冊，皆無名，不覺變色。一吏云：「或在明經秀才冊乎？」遍查亦無。荆大笑曰：「此妄耳。以某文學，可魁天下，何患不得一秀才！」欲碎其冊。吏曰：「勿怒，尚有秀民冊可查。秀民者，皆有文而無祿者也。人間以鼎甲爲第一，天上以秀民爲第一。此冊爲宣民王所掌，君可向王請之。」如其言，王於案上出一冊，黃金絲穿白玉牒，啓第一頁，第一名即丹陽荆某。荆大哭。王笑曰：「汝何癡也！汝試數從古有幾個名狀元、名主試乎？韓文公、孫袞中狀元，人但知韓文公，不知有袞。羅隱終身不第，至今人知有羅隱。汝當歸而求之實學可耳。」荆問：「科第中皆無實學乎？」王曰：「既有文才，又有文福，一代不過數人，如韓、白、歐、蘇是也。此其姓名別在紫瓊宮上，與汝尤無分也。」荆未對。王拂衣起，高吟曰：「一第區區何足羡，貴人傳者古無多。」荆驚醒，怏怏，卒不第以終。

〈秀民冊〉一篇，可從多個角度來理解。比如，由此引伸出「科舉制度未能拔取眞才」的命題，那是一點兒也不牽強附會的。荆某「文學」過人，以狀元自期，卻連秀才也考不上。科舉制度之埋沒人才，豈非一目瞭然？

但袁枚的主旨卻是表達「秀民」的豪邁之情。所謂「秀民」，即「有文而無祿者」。他們才情不凡，卻與科名無分，與高官顯宦無分。這樣的秀民，在世俗社會的背景之前，是備受輕蔑和冷落的，所以，當荆某聽說他終生與科名無分後，便忍不住大哭。但袁枚卻藉「吏」之口昭告世人「人間以鼎甲爲第一，天上以秀民爲第一」因爲，沒有眞才實學的鼎甲很快就會在時間之流中消失，而「終身不第」的「秀民」往往名垂千古。

袁枚筆下的「秀民」換一個說法，其實就是才情不俗的文人。袁枚多次強調文學的獨立價值，他認爲，只要文章寫得好，不必在乎它有沒有實用價值；正如珍珠錦繡，雖然僅是裝飾品，但並不因此就比「有用」的布帛菽粟遜色。沿著這一思路推進，袁枚覺得，文人不一定要做官，文人不一定要富貴，他的價值不必用富貴來證明。

荆某假如明白了袁枚的意思，也許就不會再「怏怏」了。

《隨園詩話》卷十第二一則也發揮過同一意思：

漢杜欽兄弟，任二千石者十人，欽官最小名最著。韓文公之孫袞中狀元後，人但知布衣方干，不知狀元韓袞。甚矣。人傳不在官位也。

面對宇宙，「秀民」確應高昂起頭來。

范西屏墓志銘

袁枚以為，文人不一定要做官，不一定要富貴，其價值不必用富貴來證明。

范西屏（一七〇九—？），名世勛，浙江海寧人。其父「以好弈破其家」，而棋藝終究不高明。西屏幼年從俞長侯學弈，十六歲即成圍棋國手，有「棋聖」之稱。著有《桃花泉棋譜》。

袁枚在〈范西屏墓志銘〉中稱道他說：

雍正、乾隆年間，天下太平，士大夫們在公事之餘，爭著備置採禮財物，邀范西屏下棋賭勝，作爲消遣娛樂，海內只有施定庵才勉強算得他的對手。然而定庵下棋，總是凝眉沉思，有時太陽偏西了還未落下一子；西屏卻和平時一樣地嬉笑說話，應付一子完畢，便呼呼睡去。曾見他們二人對局，西屏全局已被困死，旁觀的人都猜測已無法解救。一會兒，爭奪一個棋劫，沒想到七十二道棋路，全盤皆活。唉，西屏之於棋，眞稱得上「聖」了。

西屏爲人，耿直樸實，下棋以外，即使用千金厚禮，也不肯爲人說情。無論是窮人，還是顯貴，他的態度都是一樣。有了積蓄，一半施捨給親鄰。我不喜歡下棋卻很喜歡西屏，起初不明白是什麼緣故，後來結交了一位擅長製長漆器的盧玩之，一位善於製作竹器的李竹友，他們心地純樸，一如西屏，這才感嘆：技成藝精，都可臻於「見道」之境；而今天那些終身談論仁義道德的，卻讓人見了滿肚子不愉快。尊貴的官員，文雅的儒士，反不如以一技之長來侍奉長上的人，原因何在呢？

袁枚此篇〈范西屏墓志銘〉，文章並不出色，但作者對尊貴者的貶抑、對卑賤者的崇敬卻有一種驚世駭俗的效果。這也是袁枚一貫的態度。他相信不只是立功、立德的人有價值，立言、立藝的人同樣有價值，推而廣之，三十六行，行行出狀元，只要出類拔萃便足以享名百世。亦即趙翼〈過蘇小墳〉所說：

「蘇小墳鄰岳王墓，英雄兒女各千秋。」

《隨園詩話》卷一第三二則云：

余戲刻一私印，用唐人「錢塘蘇小是鄉親」之句。某尚書過金陵，索余詩冊。余一時率意用之。尙書大加訶責。余初猶遜謝，旣而責之不休，余正色曰：「公以爲此印不倫耶？在今日觀，自然公官一品，蘇小賤矣。誠恐百年以後，人但知有蘇小，不復知有公也。」一座囅然。

蘇小小是南齊時錢塘名妓，其墓在杭州市西泠橋畔。與尙書相比，其社會地位是低賤的。但時至今日，某尙書已無人知道，蘇小小卻仍活在人們的口頭筆底。袁枚的話，說出了一個許多人熟視無睹的事實。

最後，我們來讀〈范西屏墓志銘〉結尾的幾句銘文：「雖顏曾，世莫稱；惟子之名，橫絕四海而無人爭。將千齡萬齡猶以棋鳴，松風丁丁。」（即便顏回、曾參，世間也無人稱道；惟有西屏的名字，超越四海而無人與之抗衡。千年萬年後，西屏仍將以棋藝享名，松風伴和著棋聲丁丁。）

刺時文

〈刺時文〉——讀書人，最不齊，爛時文，爛如泥。

徐靈胎是袁枚的朋友，《隨園詩話》卷十二第五〇則收錄徐的一篇〈刺時文〉，其辭氣煞是痛快淋漓：

讀書人，最不齊，爛時文，爛如泥。國家本爲求才計，誰知道變做了欺人技。三句承題，兩句破題，擺尾搖頭，便道是聖門高弟。可知道《三通》、《四史》是何等文章？漢祖、唐宗是那一朝皇帝？案頭放高頭講章，店裡買新科利器：讀得來肩背高低，口角噓唏，甘蔗渣兒嚼了又嚼，有何滋味？孤負光明，白白昏迷一世。就教他騙得高官，也是百姓朝廷的晦氣！

〈刺時文〉的核心是說用考八股文的方式選拔不出有眞才實學的人，這意見的合理性在今日是不需論證的。

吳敬梓的《儒林外史》是一部描寫科舉制度下讀書人生活的著名長篇。第四回中，兩位舉人在一塊聊天，提到大名鼎鼎的劉基。劉基是元末進士，後來輔佐朱元璋，成爲明朝的開國功臣。兩位舉人竟對本朝的這位名人也茫無所知，派他做洪武三年開科的進士，范進說他是第三名，張靜齋說他是第五名。張還煞有介事地講述了有關細節：「是第五名。那墨卷是弟讀過的。後來入了翰林。洪武私行到他家，就如『雪夜訪普』的一般。……」他編得越生動，越顯出他的無知。像張靜齋、范進這樣的舉人，有什麼學問？

紀昀《閱微草堂筆記》卷一記述了某學究與其亡友的一段對話。據其亡友說：「凡人白晝營營，性靈汨沒。惟睡時一念不生，元神朗澈，胸中所讀之書，字字皆吐光芒，自百竅而出，其狀縹緲繽紛，爛如錦繡。學如鄭、孔，文如屈、宋、班、馬者，上燭霄漢，與星月爭輝。次者數丈，次者數尺，以漸而差，極下者亦熒熒如一燈，照映戶牖；人不能見，惟鬼神見之耳。」老學究聽了，自以爲讀書一生，睡中當光芒爛然；其亡友囁嚅良久，告訴他實情道：「昨過君塾，君方晝寢。見君胸中高頭講章一部，墨卷五、六百篇，經文七、八十篇，策略三、四十篇，字字化爲黑煙，籠罩屋上。諸生誦讀之聲，如在濃雲密霧中。實未見光芒，不敢妄語。

說那些「高頭講章」都只是「黑煙」，一線光芒也發不出，這是比喻八股文與眞才實學不相干。吳敬梓、紀昀與徐靈胎，外加袁枚，他們對八股文壓根兒沒有好感。

文章中試官

文章自古無憑據，惟願朱衣一點頭。

《子不語》卷十四〈科場〉載：

江西周學士力堂，癸卯鄉試，題是「學而優則仕」一節，文思幽奧。房考張某不能句讀，怒而批抹之，置孫山外。晚間，各房考歸寢。張忽囈語不止，自披其頰曰：「如此佳文，而汝不知，尚忝然作房考乎？」自罵自擊不止。家人以為中風，急請衆房考來。檢視之，得所抹周卷讀之，俱不甚解，乃曰：「試荐之，何如？」大主考爲禮部侍郎任公蘭枝，閱而驚曰：「此奇文，通場所無，可以冠多士也。」會副主考德公，閱文倦，假寐几上。伺其醒，告之，德公問何字號，曰：「男字第三號。」德曰：「不必閱文，竟定解元可也。」任問故，曰：「我寢方酣，忽見金甲神向我賀曰：『汝第三兒子中解元矣。』今得男字三號之卷，豈非其驗耶？」言畢閱文，亦大加嘆賞，遂定此科第一。榜塡後，衆問周本房某夢中囈語之故，茫然不知。周後爲福建巡撫、總督南河。

〈科場〉一則的諷刺意味是一目瞭然的。周力堂的文章，房考張某「怒」其難懂，大約是極爲艱澀的；但大主考任蘭枝卻譽之爲「通場所無」的「奇文」。假如張某是大主考的話，周力堂肯定落第，更談不上做鄉試第一名了。這樣的情形，是對「文章中試官」一語的有力的印證。

明代趙南星的〈笑贊〉曾轉述宋代的一件掌故：「宋歐陽修做考試官，得舉子劉煇卷云：『天地軋，萬物茁，聖人發。』歐陽修以朱筆橫抹之，士人增作四句曰：『試官刷。』」趙南星由此引申道：

俗云「文章中試官」，非虛言也。劉煇之卷，如遇愛者即古今之奇作也。近時一貴人，批韓文云：「退之不甚讀書，作文亦欠用心。」以其無軋茁語也。愛瘿瘤者以細頸爲醜，文章何常之有？雖然永叔名人，其所刷者或亦有見也。

趙南星的引申也適用於〈科場〉。

當然，對〈科場〉還可作出另外的解釋。比如，房考張某無故囈語不止，副主考德公恰好夢見金甲神賀他「第三兒子中解元」，這些都無法用常情來加以解釋，只能表明周力堂命裡該中。從這個角度來看，在科舉考試中起決定作用的不是文章而是命運。明代凌濛初《拍案驚奇》卷四十開篇即暢發議論說：

話說人生只有科第一事，最是黑暗，沒有甚定准的。自古道：「文齊福不齊。」隨你胸中錦繡，筆下龍蛇，若是命運不對，倒不如乳臭小兒、賣菜佣早登科甲去了。就是唐時以詩取士，那李、杜、王、孟，不是萬世推尊的詩祖？卻是李、杜俱不得成進士，孟浩然連官多沒有，只有王摩詰一人有科第，又還虧得岐王幫襯，把〈郁輪袍〉打了九公主關節，才奪得解頭。若不會夤緣鑽刺，也是不穩的。只這四大家尚且如此，何況他人？及至詩不成詩，而今世上不傳一首的，當時登第的「元」不少。看官，你道有什麼淸頭在那裡？所以說：文章自古無憑據，惟願朱衣一點頭。」

凌濛初的議論也適用於〈科場〉，只是，周力堂未必樂意承認自己的文章不好，並且，袁枚也肯定他「文思幽奥」。那麼，周力堂是「文齊福也齊」了。

袁枚貶抑「考據」

袁枚以為，讀書不知味，不如束高閣。蠹魚爾何知，終日會糟粕。

袁枚生活的時代，乾嘉學派的勢頭正猛。章學誠《文史通義·答沈楓墀書》談到當時的情形，說：「今天子右文稽古，三通四庫諸館以次而開，詞臣都由編纂超遷，而寒士挾策依人，亦以精校讎輒得優館，甚且資以進身，其眞能者，固若力農之逢年矣。而風氣所開，進取之士恥言舉業，熊劉變調，亦諷《說文》、《玉篇》；王宋別裁，皆考熔金篆石。風氣所趨，何所不止。」利之所在，人們紛紛致力於考據，想做個博雅的考據家。袁枚的弟子黃允修便是其中之一。他本是從事詩文創作的，後因受到風氣的影響，轉而打算以考據爲安身立命處。袁枚知道後，寫了〈再答黃生〉一書，告誡他萬勿見異思遷。

在這封信中，袁枚爲考據家畫了一幅肖像，說：從前支遁譏笑王坦之，戴著不合時宜的髒帽子，穿著不堪入目的粗布衣服，挾著《左傳》跟在鄭康成的車後面跑，請問哪來的這麼個臭皮囊。近來考據家的情況，個個都是這種模樣。這些話夠尖刻的了。

袁枚以詞章家自許，以才情橫溢自負，故在他看來，考據家書讀得雖多，卻是些品不出滋味的書蠹。《隨園詩話》補遺卷十第五。即毫不客氣地指出：

榆村又有句云：「讀書不知味，不如束高閣。蠹魚爾何知，終日會糟粕。」此四句，可爲今之崇尚考據者，下一神針。

又《隨園詩話》卷十三第二九則：

考據家不可與論詩。或訾余〈馬嵬〉詩曰：「石壕村裡夫妻別，淚比長生殿上多。當日，貴妃不死於長生殿。」余笑曰：「白香山〈長恨歌〉：『峨嵋山下少人行。』明皇幸蜀，何曾路過峨嵋耶？」其人語塞。

從文學欣賞的角度看，一方面，不能脫離事實，不能排斥考據，另一方面，也不能刻舟求劍，膠柱鼓瑟，用考據來約束作者的合理想像。袁枚斷言「考據家不可與論詩」，即因不滿於他們對事實的過分拘泥，感到他們品不出詩「味」。措詞雖然刻薄了些，卻並非信口雌黃。

散仙最尊

玉宇清嚴，符籙麻起，仙官司事者甚勞苦，故願逍遙於山巔水涯，永為散仙。

《子不語》卷九〈判官答問〉中，謝鵬飛以仁和廩生為陰間判官，人問：「冥司神孰尊？」他答道：「既曰冥司，何尊之有？尊者，上界仙官耳。若城隍、土地之職，如人間府縣俗吏，風塵奔走甚勞苦，賢者不屑為。昔白石仙人終朝煮白石，不肯上天，人問故，曰：『玉宇清嚴，符籙麻起，仙官司事者甚勞苦，故願逍遙於山巔水涯，永爲散仙。』亦此意也。」

白石仙人所說的「散仙」，其實就是人類生活中的隱士。「散仙最尊」的結論，令人想起中國歷史上的著名人物謝安。《世說新語‧排調》記載：謝安早年隱居東山，嘯詠自在，後來迫於朝廷的命令，不得不接受桓溫手下司馬一職。這時，有人送給桓溫藥物，其中一味是遠志。桓溫手持遠志，問謝安：「這藥又名小草，爲何一種藥味，兩個名稱？」碰巧郝隆在座，插話道：「這很容易解答。在山中叫遠志，出了山就是小草。」謝安聽著，臉都紅了。桓溫望著謝安笑了一笑，說：「郝參軍的解說不錯，很有體會。」

據《本草》一書：遠志一藥，例用其根；用莖葉時，則名小草。郝隆不從藥理的角度來回答問題，卻大談「處則爲遠志，出則爲小草」，意在譏諷謝安，鄙薄他不該做半截隱士。其實，謝安出山還是值得讚許的。他執朝政後，力求大族間勢力平衡，使東晉王朝內部出現了前所未有的和睦氣象，同心對外，在公元三八三年，大破苻堅的南侵軍。他對鞏固東晉政權貢獻極大。

比較起來，西晉要人王衍（夷甫）才是眞正的失敗者。西晉末年，他先後擔任中書令、尙書令、司徒、司空、太尉等要職。身當重任，誤國喪邦，西晉就是在他手中滅亡的。金代蔡松年的《樂府自序》說：「王夷甫神情高秀，少無宦情，使其雅詠玄虛，超然終生，何必減嵇（康）、阮（籍）輩。而當衰世頹俗，力不能爲之時，不能遠引高蹈。顚危之禍，卒與晉俱，爲千古名士之恨。」王夷甫本可成爲嵇、阮一流的大名士，僅因涉足官場，遂致身敗名裂。看來隱士還是不出山的好。

在是否終生堅持隱操的問題上，北宋的種放、楊樸適成對照。種放的出山，可謂不得其時。宋眞宗時代，天下一統，士大夫們做清閒官，享太平福，奇才異能無用武之地。閒工夫多了，朝廷裡的爾虞我詐便自然加劇，宦然風波勢必越來越險惡。在這種背景下出山，常懷憂懼是必然的。當時另有一位名聞遐邇的隱士，叫楊樸，眞宗（一說是太宗）召見他，問：「有人寫詩送給你嗎？」楊樸答道：「臣的妻子有一首，是這樣寫的：更休落魄耽杯酒，再莫猖狂愛作詩。今日捉將官裡去，這回斷送老頭皮。」眞宗大笑。就放他回山去了。楊樸怕斷送頭皮而歸山，其選擇是對的：他由此獲得了精神和身體的自由；而種放一著不愼，誤入仕途，雖未斷送頭皮，卻時時憂讒畏嫉，並見譏於世人，成了笑料。

唐代薛能〈遊嘉州後溪〉詩說：「當時諸葛成何事?只合終身作臥龍。」連孔明也被人調侃，遑論他人？

士大夫好說歸隱

兒童送我行，香煙滿路隅。我乃顧之笑，浮名亦空虛。只喜無愧怍，進退頗寬餘。仰視天地間，飛鳥亦徐徐。

士大夫熱中貪仕，原無足諱；而往往滿口說歸，竟成習氣，可厭。黃莘田詩云：「常參班裡說歸休，都作寒暄好話頭。恰似朱門歌舞地，屏風偏畫白蘋洲。」

袁枚討厭那些滿口說歸而終生未隱的士大夫，這在一般情況下是合適的。但對於蘇軾這樣的人，卻另當別論。

蘇軾常提歸隱的話頭。如：「勸我試求三畝宅，從公已覺十年遲。」「君知此意不可忘，愼勿苦愛高官職。」「還君此畫三嘆息，山中故人應有招我歸來篇。」〈臨江仙〉一詞，寫歸隱之舉，尤其眞切：

夜飲東坡醒復醉，歸來仿佛三更。家童鼻息已雷鳴。敲門都不應，倚杖聽江聲。

長恨此身非我有，何時忘卻營營？夜闌風靜縠紋平。小舟從此逝，江海寄餘生。

這是蘇軾被貶黃州時期的作品。據《避暑錄話》卷二記載，一天，蘇軾與幾位朋友在江上飲酒，夜歸，江面際天，風露浩然，蘇軾心有所動，遂作小詞，即這首「夜闌風靜縠紋平，小舟從此逝，江海寄餘生。」與客人高歌數遍而散。次日，人們紛紛傳說：「蘇軾夜作此詞，將冠服掛在江邊，拏舟長嘯去矣。」郡守徐君猷聽說，既驚又怕，以爲罪人在自己的轄區逃走了，急忙坐車前往，而蘇軾鼾聲如雷，還未起床。

蘇軾儘管並沒有眞的「小舟從此逝，江海寄餘生」，但當這話傳到都城汴京時，宋神宗聽了，也疑心他確已飄然遠揚。這表明，蘇軾的歸隱之志，大家相信是眞誠的願望，而不只是寒暄。而對於蘇軾這種建立在進取與歸隱的矛盾之上的人格，李澤厚《美的歷程》有精到的分析：

蘇軾一生並未退隱，也從未眞正「歸田」，但他透過詩文所表達出來的那種人生空漠之感，卻比前人任何口頭上或事實上的「退隱」、「歸田」、「遁世」要更深刻更沉重。因爲，蘇軾詩文中所表達出來的這種「退隱」心緒，已不只是對政治的退避，而是一種對社會的退避，它不是對政治殺戮的恐懼哀傷，已不是「一爲黃雀哀，涕下誰能禁」（阮籍），「榮華誠足貴，亦復可憐傷」（陶潛）那種具體的政治哀傷（儘管蘇也有這種哀傷），而是對整個人生、世上的紛紛擾擾究竟有何目的和意義這個根本問題的懷疑、厭倦和企求解脫與捨棄。這當然比前者又要深刻一層了。前者（對政治的退避）是可能做到的，後者（對社會的退避）實際上是不可能做到的，除了出家做和尚。然而做和尚也仍要穿衣吃飯，仍有苦惱，也仍然逃不出社會。這便成了一種無法解脫而又要求解脫的對整個人生的厭倦和感傷。

袁枚〈解組歸隨園〉詩頗有豪邁氣象：

櫪馬負千鈞，長鞭挾以走。
一旦放華山，此身為我有。
當年疏大夫，棄官歸田畝。
餞送兩無言，開懷但飲酒。
照見碧流中，面目如前否？

＊　＊　＊

滿園都有山，滿山都有書。
一一位置定，先生賦歸歟。
兒童送我行，香煙滿路隅。
我乃顧之笑，浮名亦空虛。
只喜無愧怍，進退頗寬餘。

仰視天地間，飛鳥亦徐徐。

袁枚歸隱隨園，目的是避開「俗吏」那種「櫪馬負千鈞」的生活，而能夠自由自在、像空中飛鳥一般任意進退。他這種隱退是能做到的。他因此而嘲笑那些「貪仕」者為「耐官人」，也有相當充足的理由。只是，還應該為蘇軾這類士大夫留地步。

著了袈裟事更多

佛教的核心之一是「樂道」，是在寧靜的心靈中獲得清澈透明的快樂。

佛教的核心之一是「樂道」，是在寧靜的心靈中獲得清澈透明的快樂。元代辛文房的《唐才子傳》曾描寫唐代詩僧的生活是：「一食自甘，方袍便足，靈台澄皎，無事相干……青峰瞰門，綠水周舍，長廊步屧，幽徑尋眞，景變序遷，蕩入冥思。」如此詩僧，自當得起「幽深清遠」、「林下風流」的考語。

所以，一部分與寺院有關的詩，往往予人靜穆安恬之感，如明代李夢陽的〈少林寺〉：

林深谷暝客子入，鐘鳴葉落秋山空。
煙雲細裊石澗底，巒岫亂積松窗中。
唐碑漢碣蘚字剝，虎啼猿嘯羅燈紅。
獨坐悠悠息塵想，少室影下月出東。

由此可見，繁華喧鬧的塵世生活與這裡是無緣的。

但是，也有一些僧人，雖然剃光了頭髮，卻並沒有斬斷俗緣，六根清淨；雖然穿上了袈裟，卻並沒有遠離紅塵，相反倒比紅塵中人更爲熱中於應酬。《隨園詩話》卷十一第一六則即旨在諷刺這種情形：

有僧見阮亭先生，自稱應酬之忙，頗以爲苦。先生戲云：「和尚如此煩擾，何不出家？」聞者大笑。余按：楊誠齋有句云：「袈裟未著嫌多事，著了袈裟事更多。」

這令讀者想起清初鈕琇《觚賸》續編卷一〈禪諷〉：

留吳邨公總制兩粵時，揚州吳薗次以同譜舊好，來遊羊城，寓長壽寺。寺僧大汕者，法筵甚侈，而道力未眞，知薗次爲總制重客，晨夕請見。常攢眉而言兩台延召之頻，三司應酬之密，六時並無暇逸。薗次曰：「汝於此間受諸苦惱，何不出了家？」大汕赧焉慚悚。此雖文人雅諷，實可作禪門棒喝。

大汕之見辱於吳薗次，實屬情理之必然。袁枚曾說，他「雅不喜解組人好說在官事跡」；同樣，出家人賣弄世俗應酬，也是極好的笑話題材。對大汕這樣的僧人，如不加以諷刺，反嫌過於寬厚。

附記：清末獨逸窩退士編《笑笑錄》一書，其〈僧出家〉一則即記大汕事，但顯然參考了《隨園詩話》。謹附錄於此，供讀者玩索：

吳薗次遊廣陵。有僧大汕者，日伺候督撫將軍監司之門，一日，向吳自述：「酬應雜還不堪其苦。」吳笑應曰：「汝旣苦之，何不出了家？」坐上大噱。楊誠齋詩云：「袈裟未著嫌多事，著了袈裟事更多。」此僧之謂乎！

袁枚的好友趙翼曾將《觚賸》所載吳薗次語寫作〈偶得〉一詩，亦頗堪諷誦：

山僧例趨勢，向我發嘆嗟。
苦道酬應冗，身不脫袈裟。
方參達官署，又迎貴客車。
廚催香積飯，爐選頭綱茶。
其詞若有憾，其意實自誇。
一笑語山僧：毋乃路已差；
爾既厭煩囂，何不出了家？

官癖

既然人生是如此短暫，人世是如此逼仄，那麼一切升沉、榮辱，又有什麼值得營求、值得掛在心上的呢？

《子不語》卷十一有〈官癖〉一則：

相傳南陽府有明季太守某，歿於署中。自後其靈不散，每至黎明發點時，必烏紗束帶，上堂南向坐。有吏役叩頭，猶能頷之，作受拜狀。日光大明，始不復見。雍正間，太守喬公到任，聞其事，笑曰：「此有官癖者也，身雖死，不自知其死故耳。我當有以曉之。」乃未黎明，即朝衣冠，先上堂南向坐。至發點時，烏紗者遠遠來，見堂上已有人佔坐，不覺趦趄不前，長吁一聲而逝，自此怪絕。

明末某太守的官癖，也許會使讀者想起兩篇唐人傳奇：沈既濟〈枕中記〉、李公佐〈南柯太守傳〉。〈枕中記〉中的盧生、〈南柯太守傳〉中的淳於棼，都飽享了人生的榮華富貴，也備嘗了失寵受辱的淒涼悲辛，大夢驟醒，他們的感受是什麼呢？歸結到一點，無非是人生的短促與人世的逼仄。有人以爲人生很長，可以慢慢消受，殊不知盧生那個幾十年榮辱的大夢做完，「主人蒸黍未熟，觸類如故。」淳於棼在大槐安國叱咤風雲，自以爲那片天地非常寬廣，誰知僅同區區蟻穴。既然人生是如此短暫，人世是如此逼仄，那麼一切升沉、榮辱，又有什麼值得營求、值得掛在心上的呢？盧生、淳於棼最終豁然悟道，便是由這一邏輯演繹出來的。

與悟道後的盧生、淳於棼一樣，袁枚對做官的興趣也不大。他的〈司馬悔橋〉詩說：

> 到此方才悔念生，我來橋上笑先生。
> 山人一自山居後，夢裡為官醒尚驚。

袁枚害怕做官，大約因爲做官太辛苦。其《隨園詩話》卷三第五六則云：「每見熱中人銳進不已，身家交瘁，未嘗不隆隆而升，一旦化去，若烘開花，精神已竭，次年必萎。嘗詠唐花云：『百花開落雖天定，倘不烘開落或遲。』」卷八第七五則亦云：「余己未同年，多出任封疆，內調鼎鼐者，可謂盛矣。近都薨逝，惟余以奉母故，空山獨存。想勤勞王事者，畢竟耗心力，損年壽耶？嵇康有『圉馬不乘，壽高群廄』之語，似亦有理。宋人〈詠古樹〉云：『四邊喬木盡兒孫，曾見吳宮幾度春。若使當時成大廈，也應隨例作灰塵。』〈閨詞〉云：『羡他村落無鹽女，不寵無驚過一生。』」不做官的好處是清閒，即所謂「無官一身輕」；因「一身輕」而自然長壽。

但世俗社會中畢竟是有官癖的人多。其原因之一，在於「愛體面」、「崇勢利」。袁枚對此深有了解，不時予以嘲笑。作爲例證，可讀《子不語》卷十二〈鬼借官銜嫁女〉一則。

法國的格言體作家拉羅什福科（La Rochefoucauld, 1613－1680）說：

> 那些最猛烈的激情有時會放鬆我們一陣，而虛榮心卻總在挑動我們。
>
> 虛榮心比理智做了更多不合我們口味的事。

明乎此，對「愛體面而崇勢利」的世俗社會或許會寬容些？

莫恃官清膽氣粗

有些清官自恃官清，膽大心狠，往往做出比貪官還可怕的事情。

嘉興宋某爲仙遊令，平素峭潔，以包老自命。某村有王監生者，奸佃戶之妻，兩情相得。嫌其本夫在家，乃賄算命者，告其夫以在家流年不利，必遠遊他方才免於難。本夫信之，告王監生，王遂借本錢令貿易四川，三年不歸。村人相傳某佃戶被王監生謀死矣。宋素聞此事，欲雪其冤。一日過某村，有旋風起於轎前，跡之，風從井中出。差人撩井，得男子腐屍，信爲某佃，遂拘王監生與佃妻，嚴刑考訊。俱自認謀害本夫，置之於法。邑人稱爲宋龍圖，演成戲本，沿村彈唱。又一年，其夫從四川歸，甫入城，見戲台上演王監生事，就觀之，方知己妻業已冤死，登時大慟，號控於省城，臬司某爲之申理。宋令以故勘平人致死抵罪。仙遊人爲之歌曰：「瞎說奸夫害本夫，眞龍圖變假龍圖。寄言人世司民者，莫恃官清膽氣粗。」

這則故事見於《子不語》卷九，題爲〈眞龍圖變假龍圖〉。袁枚所提出的「莫恃官淸膽氣粗」的箴言在社會生活中具有相當重要的意義。

所謂「淸官」，指廉潔公正的官吏。但廉潔和公正是兩個不同的方面，從實際情形來看，常常是廉潔易，公正難。而且，有些淸官自恃官淸，膽大心狠，往往做出比貪官還可怕的事情。仙遊令宋某是一個例證。近代劉鶚《老殘遊記》中的「淸官」玉賢則更爲一般讀者熟悉。人們對玉賢的考語是：「玉大人官卻是個淸官，辦案也實在麻力，只是手太辣些。初起還辦著幾個強盜，後來強盜摸著他的脾氣，這玉大人倒反做了強盜的兵器了。」「是個淸官！是個好官！衙門口有十二架站籠，天天不得空，難得有天把空得一個兩個的。」這樣的「淸官」，眞是死有餘辜！

群盲評古

評古群盲，純屬說瞎話，較之盲人摸象還可笑。

有人畫七、八瞽者，各執圭、璧、銅、磁、書、畫等物，作張口爭論狀，號〈群盲評古圖〉。其誚世也深矣！

群盲評古，比盲人摸象還要可笑。傳說幾個瞎子摸一隻大象，摸到腿的說大象像一根柱子，摸到身軀的說大象像一堵牆，摸到尾巴的說大象像一條蛇，各執己見，爭論不休。他們因對事物缺乏全面的了解，固執一點，亂加猜測，當然只能扮演喜劇性的角色。但較之評古的群盲，他們還略勝一籌，畢竟，他們還把握住了一個方面。評古的群盲，則純屬說瞎話。

清代程世爵《笑林廣記》中〈瞎子吃魚〉一則，所記與「群盲評古」似：

衆瞎子大夥一同吃魚，錢少魚小，魚少人多，只好用大鍋熬湯，大家嘗嘗鮮味而已。瞎子沒吃過魚，活的就往鍋裡扔，小魚蹦在鍋外，而衆瞎不知也。大家圍在鍋前，齊聲讚曰：「好鮮湯！好鮮湯！」誰知那魚在地下蹦，蹦在瞎子腳上，呼曰：「魚沒在鍋內。」衆瞎嘆曰：「阿彌陀佛，虧得魚在鍋外，若在鍋內，大家都要鮮死了！」

衆瞎的言行是令人忍俊不禁的。不懂裝懂，夸夸其談，或本無某一經歷，卻煞有介事地對人吹噓，這種日常生活中的喜劇現象，在〈瞎子吃魚〉中受到了調侃。評古的群盲，不也同樣是信口胡「評」嗎？

「見鬼莫怕，但與之打」

見鬼勿懼，但與之鬥，鬥勝固佳，鬥敗我不過同他一樣。

《隨園詩話》卷四第十二則載：

湖南張少廷尉名璨，字豈石，紫髯偉貌，議論風生，能赤手捕盜，與魯觀察亮儕，俱權奇自喜。……謂人云：「見鬼莫怕，但與之打。」人問：「打敗奈何？」曰：「我打敗，才同他一樣。」

相近的記載，又見於《子不語》卷九〈治鬼二妙〉：

婁眞人勸人遇鬼勿懼，總以氣吹之，以無形敵無形，鬼最畏氣，轉勝刀棍也。張豈石云：「見鬼勿懼，但與之鬥，鬥勝固佳，鬥敗我不過同他一樣。」

張豈石的話，說得妙極了！人與鬼鬥，最壞的下場不過是與鬼一樣，所以，只要人橫下一條心，鬼就會退避三舍。《子不語》卷二〈鬼畏人拼命〉是這一哲理的生活化呈現，試請讀者欣賞一番：

介侍郎有族兄某，強悍，憎人言鬼神事，每所居，喜擇其素號不祥者而居之。過山東一旅店，人言西廂有怪，介大喜，開戶直入。坐至二鼓，瓦墜於樑，介罵曰：「若鬼耶，須擇吾屋上所無者而擲焉，吾方畏汝！」果墜一磨石。介又罵曰：「若厲鬼耶，須能碎吾之几，吾方畏汝！」則墜一巨石，碎几之半。介大怒，罵曰：「鬼狗奴！敢碎吾之首，吾方服汝。」起立，擲冠於地，昂首而待。自此寂然無聲，怪亦永斷矣。

俗話說：鬼怕惡人。鬼所怕的其實是一種敢於拼命的決心和氣勢。

有識之士的風度

一冷一暖，謂之世情，再沒有比人情世態更富於戲劇性的事物了。

明代的陳繼儒曾說：「勢在則群蟻聚膻，勢去則飽鷹揚漢。悠悠濁世，今古皆然。有識之士，不必露徐偃之剛腸，但請拭叔度之冷眼。」（權勢在手時，人們就如群蟻聚集在羊肉上面一樣趨炎附勢；權勢喪失了，他們便像吃飽了的鷹遠揚長空一樣無情離去。悠悠塵濁世界，古今都是如此。有識之士，不必露出徐偃那樣的剛腸；但請像黃叔度那樣保持高尚人格，擦拭冷眼而視之。）

《子不語》卷十五有〈鬼寶塔〉一篇，其中的邱老便算得陳繼儒所欽佩的「有識之士」。邱老夜宿客店，遇見群鬼，遂有了下面所述的一段奇異經歷：

是夕淡月朦朧，恍惚間似有人影閃過。邱疑賊至，注目視之。忽又一影閃過；須臾連見十二影，往來無定，如蝴蝶穿花，不可捉摸。定睛熟視，皆美婦也。邱老曰：「人之所以畏鬼者，鬼有惡狀故也。今艷冶如斯，吾即以美人視鬼可矣。」遂端坐看其作何景狀。未幾，三鬼踞其足下，一鬼登其肩，九鬼接踵以登，而一鬼飄然據其頂，若戲場所謂搭寶塔者然。又未幾，各執大圈，齊套頸上，頭髮俱披，舌長尺餘。邱老笑曰：「美則過於美，惡則過於惡，情形反覆，極像目下人情世態，看汝輩到底作何歸結耳。」言畢，群鬼大笑，各還原形而散。

邱老的風度是令人向慕的。無論鬼作何情狀，他都冷靜注視，看鬼究竟能變出什麼花樣。一冷一暖，謂之世情，再沒有比人情世態更富於戲劇性的事物了。鬼模仿人情世態與邱老周旋，邱老則以不變應萬變，鬼終於感到不是敵手，只好故作灑脫，恢復原形散去。

在社會生活中，「美則過於美、惡則過於惡」的情形經常可以見到。特別著名的是那個「飯後鐘」的故事。唐代的王播，年輕時寄食於寺院；寺僧嫌棄他，故意在飯後敲鐘，讓他撲空。後來，王播官居顯位，寺僧們又反過來奉承他，將他寫在牆上的詩用碧紗籠住。

世情冷暖，今古皆然，身受者往往很難保持平常心，很難像邱老那樣始終不爲所動。比如王播，他富貴以後曾寫詩嘲笑寺僧們前倨後恭，不平之氣溢於言表，就不具備有識之士的風度。如果要找可與邱老比肩的人，《隨園詩話》卷八第一〇二則中的蔡持正、黃之紀或可差強人意：

蔡持正貧時，寓僧寺，僧厭之，蔡〈題松樹〉云：「常在眼前君莫厭，化爲龍去見應難。」黃之紀寓隨園，或輕之，黃亦〈題松樹〉云：「寄人籬下因春好，聽我風聲在老來。」

貧賤時不卑，富貴時不亢，有識之士，應當兼具這兩個側面。

浮世原宜淡處看

所謂「浮世原宜淡處看」，即淡於名利，與世無忤。

蘇軾《東坡志林》卷一〈記遊松風亭〉講述了蘇軾的一次心靈歷程：蘇軾曾寄居惠州嘉祐寺，縱步松風亭下，兩腿疲乏，打算到樹林邊休息，遠望松風亭，還在山頂，心想怎麼能走得到？過了好長時間，忽然想道：「此處有什麼歇不得？」這樣一想，便如掛鈎之魚，忽得解脫。蘇軾從這件事體會到：如果人們明白隨緣自適的道理，那就無處不可逍遙自在，即使兵陣相接，鼓聲如雷，進則死敵，退則死法，在這種境況下也不妨痛痛快快地休息。這裡，蘇軾所強調的其實就是凡事宜淡然處之。

《隨園詩話》卷三第五三則所表達的處世之道近於蘇軾：

蔣用菴侍御罷官後，與姚雲岫觀察同修《南巡盛典》。〈過隨園詠菊〉云：「名花自向閒中老，浮世原宜淡處看。」後姚爲廣西巡撫，寄信來猶吟及之。

所謂「浮世原宜淡處看」，即淡於名利，與世無忤。清代紀昀的《閱微草堂筆記》卷四中，某狐仙自述學仙的要訣是：「必遊方之外，使萬緣斷絕，一意精修。如於世有所聞見，於心必有所是非。有所是非，必有所愛憎。有所愛憎，則喜怒哀樂之情，必迭起循生，以消鑠其精氣，神耗而形亦敝矣，焉能至今猶在乎？迨道成以後，來往人間，視一切機械變詐，皆如戲劇；視一切得失勝敗，以至於治亂興亡，皆如泡影。」狐仙的「要訣」，不妨視爲對「浮世原宜淡處看」

的發揮，用於養生，至少與蘇軾的哲學同樣有效。

蘇軾和王安石都寫過下棋詩。蘇詩曰：「勝固欣然，敗亦可喜。」王詩曰：「戰罷兩奩收白黑一枰何處有虧成。」紀昀覺得這些話值得深思。他曾見到一幅「八仙對弈圖」，「畫爲韓湘、何仙姑對局，五仙旁觀，而鐵拐李枕一壺盧睡。」興之所至，亦效蘇、王之旨，題詩二首：

十八年來閱宦途，此心久似水中鳧。
如何才踏春明路，又看仙人對弈圖。

* * *

局中局外兩沉吟，猶是人間勝負心。
那似頑仙癡不省，春風蝴蝶睡鄉深。

如今倡導競爭，蘇、王、袁、紀的這些話恐怕很少有人會感興趣了。

古今事不同

古今事不同，這個文化發展的事實啓示人們：處理問題萬不可泥古不化。

中國最早的詩歌總集《詩經》中，有篇〈碩人〉，詩的第二段集中描寫女性的姿色之美：

手如柔荑，膚如凝脂，領如蝤蠐，齒如瓠犀，螓首蛾眉。巧笑倩兮，美目盼兮。

荑，初生的白茅嫩芽；蝤蠐，天牛的幼蟲，身圓而白；螓，似蟬，額廣而方正；瓠犀，葫蘆的籽。寬闊而方正的額以及像天牛的幼蟲一般的脖子，這類描寫在今人眼裡是很難引起美感的。過去我們常說「環肥燕瘦」，它所標示的也正是不同時代的人在審美方面的差異：苗條的趙飛燕爲漢人所推崇，豐腴的楊玉環爲唐人所激賞，倘若掉換時代，她們可能都會受到冷落。

其實，不僅在審美方面，古今相異，連在其他方面亦然。口之於味，有同嗜焉。」……連這句話，也不一定靠得住。南宋陸游在〈老學庵筆記〉中舉的一個例子即頗能說明問題：蛙，這在宋代是很尋常的菜餚，但漢人卻用來供奉皇帝和荐獻宗廟。「古今事不同如此。」

古今事不同，這個文化發展的事實啓示人們：處理問題萬不可泥古不化。拘泥於古代的陳規或古人的說法，輕則成爲笑柄，重則貽害國家。《續子不語》卷五〈劉迂鬼〉中的劉羽沖就是這樣一個喜劇角色。他「好講古制，實則迂闊不可行」。比如，他「偶得古兵書，伏讀經年，自謂可將十萬。會有土寇，自練鄉兵與之角，大敗。又得古水利書，伏讀經年，自謂可使千里成沃壤。繪圖列總於州官，州官使試於一村，溝洫甫成，水大至，順渠灌入，人幾爲魚。」經歷了這樣兩次挫折，他不僅沒有變得聰明些，反而每天大惑不解地千百遍念叨：「古人豈欺我哉！」不久發病死。「後風淸月白之夕，每見其魂在墓前松柏下，搖首獨步，側耳聽之，所誦仍此六字。」

像劉羽沖這樣的人，倘若管理國家，豈不壞事？

附記：劉羽沖一事，亦見於紀昀《閱微草堂筆記》卷三，文字差異甚小。未知究竟是紀昀的作品，還是袁枚的作品？

作賊與作官

官吏貪污腐化，與作賊者，就沒有什麼兩樣了。

南宋末年，士大夫簠簋不飭。有鄭熏者，素作賊，以軍功得主簿，衆不禮焉。鄭乃獻詩云：「鄭熏素行本非端，熏有狂言上衆官。衆官作官還作賊，鄭熏作賊還作官。」

這是《隨園詩話》卷十三第八〇則所謂「簠簋不飭」，指官吏貪污腐化。這種官吏，和賊沒有什麼兩樣，故鄭熏不客氣地說他們「作官還作賊」。

清初的徐芳寫過一篇文言小說，題爲〈雷州盜記〉。其情節頗爲單純：「崇禎初，金陵人某以部曹出守，舟入江遇盜。」強盜知道他是太守，殺了他及其隨從，唯獨將他的妻女留著。然後挑選了一名最狡黠的強盜扮成太守，其他強盜假稱爲僕，外人並不淸楚。上任一個多月，甚廉潔幹練，治績顯著，雷州人「相慶得賢太守」。

作者的旨意是什麼呢？請聽聽徐芳的感嘆：「異哉！盜乃能守若此乎？今之守非盜也，而其行鮮不盜也，則無寧以盜守矣。其賊守，盜也；其守而賢，即猶愈他守也。」這話略顯偏激，但明末社會「官即是賊」的普遍現象，使作者很難平心靜氣地發表意見。

南宋洪邁《容齋續筆》卷五〈盜賊怨官吏〉云：

陳勝初起兵，諸郡縣苦秦吏暴，爭殺其長吏以應勝。晉安帝時，孫恩亂東土，所至醢諸縣令以食其妻子，不肯食者則支解之。隋大業末，群盜蜂起，得隋官及士族子弟皆殺之。黃巢陷京師，其徒各出大掠，殺人滿街，巢不能禁，尤憎官吏，得者皆殺之。宣和中，方臘爲亂，陷數州，凡得官吏，必斷臠肢體，探其肺腸，或熬以膏油，叢鏑亂射，備盡楚毒，以償怨心。杭卒陳通爲逆，每獲一命官，亦即梟斬。豈非貪殘者爲吏，倚勢虐民，比屋抱恨，思一有所出久矣，故乘時肆志，人自爲怒乎？

洪邁在綜述了「盜賊怨官吏」的諸種事例後，將其原因歸結爲官吏太貪殘，這是極有見地的。「衆官作官還作賊」，到頭來，下場恐怕不會太好。

勸君莫訝東風好

勸君莫訝東風好，吹上還能吹下來。

二童子放風箏，一童得風，大喜；一童調之曰：「勸君莫訝東風好，吹上還能吹下來。」我深喜之。蓋即孟子所謂「趙孟之所貴，趙孟能賤之」之意。

這是《隨園詩話》補遺卷七的第三則。寫得很風趣，也很富哲理。它使人想起《紅樓夢》第七十回薛寶釵的〈臨江仙·柳絮〉詞：

白玉堂前春解舞，東風卷得均勻。蜂圍蝶陣亂紛紛：幾曾隨逝水？豈必委芳塵？

萬縷千絲終不改，任他隨聚隨分。韻華休笑本無根：好風憑借力，送我上青雲。

這首詞可視爲寶釵的內心獨白。寶釵是個很會做人的女孩子，人際關係非常融洽。她的借助風力直上青雲的設想，正表達了一種要與周圍現實生活協調一致的心願。但是，也正由於寶釵的「上青雲」是依附性的而非自主的，所以，隨著賈府衰敗，她的命運也成爲一個悲劇。「勸君莫訝東風好」，童子的這句詩對薛寶釵也是適用的。

風箏借東風上青雲的意象，最早出現於何時，尚不明確。但南宋洪邁《夷堅甲志》卷四的一則記載，肯定是比較早的。故事的主角是侯蒙：

侯中書元功（蒙）密州人。自少遊場屋，年三十有一，始得鄉貢。人以其年長貌侻，不加敬。有輕薄子畫其形於紙鳶上，引線放之。蒙見而大笑，作〈臨江仙〉詞題其上曰：「未遇行藏誰肯信，如今方表名蹤。無端良匠畫形容，當風輕借力，一舉入高空。才得吹噓身漸穩，只疑遠赴蟾宮。雨餘時候夕陽紅，幾人平、地上，看我碧霄中。」蒙一舉登第，年五十餘，遂爲執政。

就侯蒙的處境而言，他是值得敬佩的。年紀老大，始得鄉貢，加上其貌不揚，被人調侃，換了另一個人，也許會神情沮喪，但他卻不墮青雲之志，並終於實現了自己的願望。以這種態度來處逆境，才算眞有大丈夫氣概。當然，在他「一舉入高空」之後，就不要再念叨「東風好」了，而應小心翼翼地對待生活。

袁枚〈紙鳶〉詩云：

紙鳶風骨假棱嶒，蹿慣雲霄自覺能。
一日風停落泥滓，低飛還不及蒼蠅。

其命意，其措詞，是否受到過童子詩的啓發？

對失節者的嘲笑

一位忠臣義士，實應有「效忠貞之節，繼之以死」的胸懷。

袁枚不大談論節操問題，但《子不語》卷十三〈關神下乩〉卻無疑是對失節者的嘲笑：

明季關神下乩壇，批某人士終身云：「官至都堂，壽止六十。」後士人登第，官果至中丞。國朝定鼎後，其人乞降，官不加遷，而壽已八十矣。偶至壇所，適關帝復降，其人自以爲必有陰德，故能延壽，跽而請曰：「弟子官爵驗矣，今壽乃過之，豈修壽在人，雖神明亦有所不知耶？」關帝大書曰：「某平生以忠厚待人，甲申之變，汝自不死，與我何與！」屈指計之，崇禎殉難時，正此公年六十時也。

這一則故事，有幾點是令讀者忍俊不禁的：

1. 某士人已失去操守，卻自以爲有「陰德」。

2.關神自稱「以忠厚待人」，卻說出叫某位士人羞愧難當的話來。為了從對比的角度把握這故事的喜劇意味，讀者還可參看紀昀《閱微草堂筆記》卷二的一則：

宋按察蒙泉言：某公在明爲諫官，嘗扶乩問壽數。仙判某年某月某日當死。計期不遠，恆悒悒。屆期乃無恙。後入本朝，至九列。適同僚家扶乩，前仙又降。某公叩以所判無驗。又判曰：「君不死，我奈何？」某公俯仰沈思，忽命駕去。蓋所判正甲申三月十九日也。

「甲申三月十九日」，即明亡的日子。身爲明朝的諫官，理當以身殉明，但他竟然仕清且官居顯位，臉皮如此之厚，神又其奈他何？

誤信小說戲曲

靜心養性、審時度勢，方不致鬧出既可笑又可悲的事。

據說清代有位秀才，他因讀才子佳人小說讀得太多，總想著「御賜結婚」的美事。後來，他忍不住給皇帝寫了一封信，表達自己的心願。皇帝恨他太荒唐，下令革掉了他的秀才身分，自然，他想像中的佳人也未能到手。

這是誤信小說戲曲鬧出的既可笑又可悲的事。

《隨園詩話》卷三第四四則所述也是一個悲喜劇：

汪度齡先生中狀元時，年已四十餘，面麻身長，腰腹十圍。買妾京師，有小家女陸氏，粗通文墨，觀彈詞曲本，以爲狀元皆美少年，欣然願嫁。結婚之夕，於燭下見先生年貌，大失所望。業已鬱鬱矣。是夕，諸同年夥飲巨杯，先生量宏興豪，沈醉上床，不顧新人，和衣酣寢，已而嘔吐，將新制枕衾盡污腥穢。陸女恚甚，未五更，雉經而亡。或嘲之曰：「國色太嬌，難作婿，狀元雖好卻非郎。」

在上面這個悲劇中，狀元汪度齡自應承擔部分責任，因為他酗酒過度，使新娘子難於忍受。但陸氏女誤信「彈詞曲本，以為狀元皆美少年」，卻是導致悲劇結局的主要原因。期望越高，失望越大，最終導致了心理失衡。

《子不語》卷七〈誤學武松〉也與誤信小說戲曲有關：

杭州馬觀瀾家，每四時必祭其門。余問：「古禮門為五祀之一，今此禮久不行，君家獨行之，何也？」馬曰：「余家奴陳公祚好酒，每晚必醉，敲門歸。一日，聞門外喧呶聲，往視之，奴仆地，曰：『奴歸，見門外一男一婦俱無頭，頭持在手。婦呼曰：「吾汝嫂也。吾淫屬實，吾夫殺我可也；奴為小叔，不當殺我。夫殺我時，心軟手噤齡不下；汝奪刀代殺，此事豈汝所宜與耶？吾每來相尋，為汝主人家門神呵禁。今故伺汝於門外。」因大罵唾奴面。其男鬼擲頭撞奴，奴倒地。聞人聲，二鬼才散。』馬氏衆家人扶至床，自言少年曾有此事。當時看小說，慕武松之為人，不意遭此冤孽。或告之曰：『小說都無實事，何得妄學？且武松殺嫂，為嫂殺兄故也；若尋常犯奸，王法只杖決耳。汝何得代兄殺嫂？』言未終，奴張目作女聲曰：『公道自在人心，何如！何如！』」向言者三叩頭而死。」馬氏以鬼言故，祭門神甚敬，世其家。

誤學武松，以至殺嫂，這是讀《水滸》（或聽「水滸」）太多而不知道「小說都無實事」的緣故。但值得引起注意的是，視小說爲眞的而刻意模仿其中某一人物的讀者，在現實生活中大有人在。我們做老師的，做父母的，該多費點口舌爲這些人啓蒙才是。

附記：唐朝進士曹唐的〈遊仙〉詩，才情縹緲。岳陽太守李遠每次吟誦他的詩，就想見見他這個人。一天，曹唐去拜訪李遠，李遠非常熱情地向前迎接。見曹體格豐滿高大，李開玩笑說：「過去沒見到你的儀態，以爲輕盈得可乘鸞飛行；此時拜見，豈知連壯水牛也載不起！」從曹唐一事來看，詩也不可誤信。

好色之戒

愛美人，要愛得有分寸、愛得有藝術。

南宋詩人楊萬里善於開玩笑，他曾對好色的人說：「閻羅王未曾相喚，自徵押到，何也？」《子不語》卷六〈人蝦〉中的「前明逸老某」，其情形與「自求押到」相近：

國初，有前明逸老某，欲殉難，而不肯死於刀繩水火。念樂死莫如信陵君以醇酒婦人自戕，仿而爲之。多娶姬妾，終日荒淫。如是數年，卒不得死。但督脈斷矣，頭彎背駝，傴僂如熟蝦，匍匐而行。人戲呼之曰「人蝦」。如是者二十餘年，八十四歲方死。王子堅先生言幼時猶見此翁。

某「前明逸老」的行爲令人想起明代小說《金瓶梅》中的西門慶。西門慶或許並不像前些年批判的那麼壞，他的毛病主要在於平庸，即毫無節制地追求淫欲，而不明白他的身體受不了。《金瓶梅》開卷便以諧謔的口吻講到張大戶「自從收用金蓮之後，不覺身上添了四、五件病症。端的那五件？第一腰便添疼，第二眼便添淚，第三耳便添聾，第四鼻便添涕，第五尿便添滴。還有一椿兒不可說，白日間只是打盹，到晚來噴嚏也無數。」最後「患陰寒病症，嗚呼哀哉死了。」中國古典長篇小說的第一回，往往與宋元話本的入話一樣，起著籠罩全局的作用。這裡也不例外。其言外之意是調侃西門慶，預示了西門慶的人生道路及其結局。小說在西門慶了卻性命之前，一再提到他的身體已不足以應付他的縱欲，腿軟、腰疼，打不起精神，但他依然故我，直到「嗚呼哀哉斷氣身亡」方才罷休。那時他年僅三十三歲。

《說郛》卷九羅點〈聞見錄〉記一士大夫年老納二寵，友人開玩笑地將二人命爲「忠奴」、「孝奴」，並解釋道：「孝當竭力，忠則盡命。」以笑談寓規諫，不失君子之風。

袁枚能寫出〈人蝦〉這樣的作品，說明他對縱欲的後果是清楚的。但不無諷刺意味的是，他直到老年仍耽於風情，《隨園詩話》卷十第七七則甚至自我解嘲說：

風情之事，不宜於老；然借老解嘲，頗可強詞奪理。康節先生〈妓席〉云：「花見白頭花莫笑，白頭人見好花多。」余倣其意云：「若道風情老無分，夕陽不合照桃花。」

儘管如此，袁枚的健康狀況卻並不差。他享年八十二歲，堪稱高壽，而且，去世前不久，還寫有〈日長〉一詩：

不忍流年一擲過，日長老子更婆娑。
三更詩尚呼兒寫，一早奴先把墨磨。
好學易飄高鳳麥，回天難仗魯陽戈。
自家憐惜自家喜，白髮光陰得最多。

以八十二歲的老人，尚能讀書、尚能寫詩，其精力之旺盛，著實頗令人羨慕。

袁枚耽於風情而身體卻如此健康，個中原因，或許在於，他雖好風情，但並未縱欲。《隨園詩話》卷十四第八七則：「金姬小妹鳳齡，幼鬻吳門作婢，余為贖歸，年十四矣，明眸巧笑，其姊勸留爲箍室，鳳齡意亦欣然。余自傷年老，不欲爲枯楊之稊，因別嫁隋氏。」這是怕誤了年輕女子的青春。補遺卷五第六則：「余中年以後，遇妓席無歡，人疑遁入理學，而不知看花當意之難也。偶讀祝芷塘一絕，爲之莞然。詞云：『自笑眉愁遞酒波，厭厭長夜奈卿何。摩登伽自無神咒，不是阿難定力多。』」其中頗有「曾經滄海難爲水」之概。又卷七第五三則：「廣東珠娘皆惡劣，無一可者。余偶同龍文弟上其船，意致索然。問：『何姓名？』龍文笑曰：『皆名春色。』余問：『何以有此美名？』曰：『春色惱人眠不得！』」這也是「看花當意之難」的意思。也許由於袁枚的「風情」偏於藝術化的情調，所以不致淘虛身體吧！

朱青雷諷世

所謂：「生活之樹常青」，為人處世實應通達世情。

朱青雷與袁枚、紀昀年輩相仿。有趣的是：袁枚、紀昀都在自己的書中記下了朱青雷的有關言談。

紀昀《閱微草堂筆記》卷二轉述了朱青雷講的一個故事：

有避仇竄匿深山者，時月白風清，見一鬼徙倚白楊下，伏不敢起。鬼忽見之，曰：「君何不出？」慄而答曰：「吾畏君。」鬼曰：「至可畏者莫若人，鬼何畏焉？使君顛沛至此者，人耶鬼耶？」一笑而隱。

朱青雷的這個故事，含義是：人比鬼更可怕。如此罵世，當然有偏激之嫌，故紀昀說這是「青雷有激之寓言」。

袁枚《隨園詩話》卷六第一六則亦記朱青雷事：

山左朱文震，字青雷，在慎郡王藩邸。善畫，能詩，兼工篆刻。偶宿隨園，爲鐫小印二十餘方。余驚其神速。君笑曰：「以鐵畫石，何所不靡?.凡遲遲云者，皆故作身分耳。」

朱青雷在很短的時間內鐫出二十餘方小印，確實夠「神速」的。倘若是個注重涵養的人，當受到稱讚時，淡淡一笑，也就可以了。而他卻「不失時機」地發了一通諷世妙論：「凡遲遲云者，皆故作身分耳。」很顯然，這人既通達世情，又憤世嫉俗。

寫到這裡，想起北宋黃庭堅的〈次韻子瞻題郭熙畫秋山〉詩：

黃州逐客未賜環，江南江北飽看山；
玉堂卧對郭熙畫，發興已在青林間。
郭熙官畫但荒遠，短紙曲折開秋晚；
江村煙外雨腳明，歸雁行邊餘迭巘。
坐思黃柑洞庭霜，恨身不如雁隨陽。
熙今頭白有眼力，尚能弄筆映窗光。

畫取江南好風日，慰此將老鏡中髮。

但熙肯畫寬作程，十日五日一水石。

這首詩採取了層層開拓的寫法。第一層以山爲中心，寫蘇軾在學士院正廳欣賞郭熙所畫秋山，情不自禁回憶起貶謫黃州期間遊覽過的山山嶺嶺，又想再去看看那山界一般的美景。第二層以雁爲中心，寫作者看見畫中歸雁，聯想到自身宦遊在京，不能回到江南，因而想請郭熙畫一幅江南圖，以撫慰對故鄉的思念之情。而且，只要他肯作畫，就是時間拖得長些也無妨。第一層是賓，第二層是主。透過賓、主這兩層開拓，不僅郭熙所畫秋山的藝術魅力可以想見，詩人寄託在字裡行間的深沈情感也更加耐人尋味。

郭熙，字淳夫，溫縣（今屬河南）人。北宋畫家，擅長畫山水寒林。爲了顯出郭熙的「身分」，黃庭堅用了這樣兩句詩：「但熙肯畫寬作程，十日五日一水石。」（只要郭熙肯畫，可以放寬工作期限，即使十天五天才畫一水石也行。）照黃庭堅的想法，一個有身分的畫家，作畫是不應該太快的。在世俗社會的背景之前，「故作身分」也有一定的合理性。朱青雷畢竟不夠老練。

聖人與名士

所謂「非淡泊無以名志，非寧靜無以致遠。」生活的強者，志當強毅，意當慷慨。

黃允修是袁枚的弟子。他曾寫信給袁枚，說他生平安於古道，不合時尚，而感到沾沾自喜。袁枚隨即寫了〈答黃生〉一書，教導黃允修要像聖人那樣爲人處世，萬不可仿效名士派頭。

在聖人中，袁枚以孔子爲例，指出：孔子是很講究交際應酬、平易近人的。《論語》中說他同上大夫說話，一定做到和悅坦率；遇見陽貨也順他的心意來答對；不肯當面責備樊遲，一定等他走了才斥之爲小人。孔子體貼他人的感情，達到了如此地步，所以能從臉色上了解對方的心情。而且每到一個國家，必定考察其政事。他哪裡是不合時尚、高傲自滿的人呢？

在名士中，袁枚以嵇康、謝靈運爲例，指出：常說嵇康張開兩腿坐在地上接待來訪的賓客，謝靈運在平日也要三個人替他托著衣襟，四個人替他安置坐席。如此驕傲自大，活該被人殺掉！

袁枚〈答黃生〉所談的看法，仁者見仁，智者見智，不必強求讀者的意見達到一致。但應該說明，袁枚提倡平易近人，反對故立崖岸，他的這種處世態度是一貫的。比如，《隨園詩話》卷四第三一則就有如下記載：

丙辰，以布衣荐鴻詞者，海內四人：一江西趙寧靜，一河南車文，一陝西屈復，一嘉禾張庚。車之著作，余未經見。張善畫，長於五古，人亦樸誠。獨屈叟傲岸，自號悔翁，出必高杖，四童扶持。在京師，見客，南面坐；公侯學詩者，入拜床下，專改削少陵，訾詆太白，以自誇身分。耳食者，抵死奉若神明。山左顏懋倫心不平，獨往求見。坐定，即問曰：「足下詩，有〈書中乾蝴蝶〉二十首，此委巷小家子題目，李、杜集中，可曾有否？」屈默然慚。人以爲快。沈歸愚刻《別裁集》，僅錄屈〈王母廟〉一首，云：「秦地山河留落日，漢家宮闕見孤燈。如今應是蟠桃熟，寂寞何人荐茂陵？」

屈復其實要算比較有才能的，因為他畢竟還有一首詩被沈德潛選入《清詩別裁集》。如果他為人隨和，袁枚絕不會讓他在《隨園詩話》中出洋相。

《隨園詩話》補遺卷四第一八則引用了明代方孝孺〈贈俞子嚴溪喻〉中的一段話：「學者之病，最忌自高與自狹。自高者，如峭壁巍然，時雨過之，須臾溜散，不能分潤。自狹者，如甕盎受水，容擔容斗，過其量則溢矣。善學者，其如海乎。旱九年而不枯，受八州水而不滿。無他，善為之下而已矣。」接下來，袁枚借題發揮說：方先生赤膽忠心，與日月爭光，浩氣長存天地之間，何妨高以自待、狹以拒人呢？然而卻用「高」與「狹」兩個字，諄諄示戒，那麼，先生平日之虛心謹慎樂於為善可想而知。我自然不能跟先生相比，然而從少到老，卻也正好厭惡這兩字，竟與先生有暗合之處。

袁枚平易容衆，他的「詩佛」形象的樹立，當即得益於此。

鬼怕冷淡

畫女必須美，不美情不生。畫鬼必須醜，不醜人不驚。美醜相輪迴，造化即丹青。

揚州羅兩峰，自言能見鬼，每日落則滿路皆鬼，富貴家尤多。大概比人短數尺，面目不甚可辨，但見黑氣數段，旁行斜立，呢呢絮語。喜氣暖，人旺處則聚而居，如逐水草者然。揚子雲曰：「高明之家，鬼瞰其室。」言殊有理。鬼逢牆壁窗板，皆直穿而過，不覺有礙。與人兩不相關，亦全無所妨。一見面目，則是報冤作祟者矣。貧苦寥落之家，鬼往來者甚少，以其氣衰地寒，鬼亦不能甘此冷淡故也。諺云「窮得鬼不上門」，信矣。

〈鬼怕冷淡〉一則，見於《子不語》卷十四，展現的是鬼世界的世態炎涼圖。文中提到的羅兩峰，是與袁枚同時代的畫家，以畫鬼著稱。俞蛟《夢廠雜著》卷七〈羅兩峰傳〉載：「維揚羅聘，號兩峰，喜吟詠，精鑒賞。嘗自言白晝能睹鬼魅，凡居室及都市，憧憧往來不絕，遇富貴者則循牆壁蛇行，貧賤者則拊肩躡足，揶揄百端。兩峰有感於中，因寫其情狀，裝成長軸，名曰「鬼趣圖」。幅中題詠，長篇累牘，皆海內知名士，雖世俗好奇，亦由兩峰腕下古趣橫生，足以欣動一時，豈漫然哉！」

紀昀《閱微草堂筆記》卷二也有關於羅兩峰談鬼的記錄，與俞蛟、袁枚所說稍異：

「揚州羅兩峰，目能視鬼。曰：『凡有人處皆有鬼。其橫亡厲鬼，多年沈滯者，率在幽房空宅中，是不可近，近則爲害。其憧憧往來之鬼，午前陽盛，多在牆陰；午後陰盛，則四散遊行，可以穿壁而過，不由門戶；遇人則避路，畏陽氣也。是隨處有之，不爲害。』又曰：『鬼所聚集，恆在人煙密簇處，僻地曠野，所見殊稀。喜圍廚灶，似欲近食氣。又喜入溷廁，則莫名其故，或取人跡罕到耶。』所畫有「鬼趣圖」，頗疑其以意造成。中有一鬼，首大於身幾十倍，尤似幻妄。」

羅兩峰的「鬼趣圖」在當時的文人畫士間流傳甚廣，題詠者極多。袁枚亦曾題詩其上，其中二首是：

我纂鬼怪書，號稱《子不語》。
見君畫鬼圖，方知鬼如許。
得此趣者誰，其惟吾與汝。
畫女必須美，不美情不生。
畫鬼必須醜，不醜人不驚。
美醜相輪迴，造化即丹青。

羅兩峰畫鬼，袁枚談鬼；二人切磋琢磨，必有許多妙論，可惜他們沒有全記下來。

盛衰之感

繁華有憔悴、陰陽有變化、富貴焉常保，何妨淡然處之。

冒辟疆是明末清初的名士。他與董小宛的戀情，因董小宛被傳說為清世祖的董鄂妃，更為人所樂聞。冒辟疆的卓負盛名的才子形象也由此格外引人注目。

冒辟疆隱居的別墅名水繪園，其遺址在今江蘇省如皋縣如城鎮東北如皋公園內。水繪園的「繪」，即「會」的意思，形容東西南北的水皆會於園中。當年園地有幾十畝，點綴著妙隱香林、壹默齋、枕煙亭、寒碧堂、洗缽池、雨香庵、水明樓、小浯溪、鶴嶼、小三吾、目魚基、波煙玉亭、湘中閣、懸霤山房、因樹樓、澀浪波、鏡閣、碧落廬等諸多名勝。在古典園林中，水繪園是相當著名的。

但是，到了袁枚那個時代，水繪園已衰敗不堪了。《隨園詩話》卷十二第六六則記：

余過如皋，訪冒辟疆水繪園。荒草廢池，一無陳跡；惟敗壁上有斷句云：

「月因戀客常行緩，風為吹花不忍狂。」

從清初到乾隆年間，不過百年左右的光景。但昔日的繁華之地，已是荒草廢池，惟有敗壁上的斷句在提示著往日的清風明月和美好的景色。盛衰對比，怵目驚心。

盛衰無常確乎是一個令人酸鼻中的主題。盛者必衰，繁華不再，中國最偉大的小說《紅樓夢》所展現的其實也正是這樣一幅歷史圖景。我們都記得《好了歌注》中的幾句：「陋室空堂，當年笏滿床，衰草枯楊，曾為歌舞場；蛛絲兒結滿雕樑，綠紗今又糊在蓬窗上。」今日的陋室堂，昔日卻是宅第豪華，擺著滿床笏板（古代大臣朝見皇帝時手中所執的狹長板子，用玉、象牙或竹片製成，以為指畫及記事之用）；今日長滿衰草枯楊的庭院，昔日曾是歌台舞場。雕刻著花紋的華美樑柱，如今卻掛滿了蛛網；與往日權貴的破敗衰落形成了對照，昔日的窮漢今已成了新貴，窗上糊上了綠紗。其中所深含的哲理的感嘆，讀來不禁令人悵惘不已。

最後，我們來品味品味阮籍的〈詠懷〉詩之三：

嘉樹下成蹊，東園桃與李。
秋風吹飛藿，零落從此始。
繁華有憔悴，堂上生荊杞。
驅馬捨之去，去上西山趾。
一身不自保，何況戀妻子。
凝霜被野草，歲暮亦云已。

是的，「繁華有憔悴」，這是整個人類生活中普遍的、必然的現象。「陰陽有變化，誰云沈不浮？」「視彼桃李花，誰能久熒熒？」「春秋非有托，富貴焉常保？」

再婚成怨偶

愛情中的堅貞不渝一旦不存在，其生命也就停止了。

卓文君是中國歷史上以自擇佳偶著稱的女子。

據《史記·司馬相如列傳》及《西京雜記》等記載，文君乃西漢臨邛（今四川邛崍）人，富商卓王孫之女，能詩，善鼓琴。夫亡，守寡家居。時司馬相如客遊臨邛。相如為人雍容閒雅，應邀參加卓王孫的宴會。文君、相如一見鍾情，相如鼓瑟，奏「鳳求凰」一曲示意，文君乘夜私奔，與之結為夫婦，同歸成都。因資用匱乏，無以為生，乃回臨邛設酒肆沽酒，相如穿犢鼻褌（短褲）操作，文君親自當壚。卓王孫不得已，分予文君僮僕百人，錢百萬。後相如獻〈上林賦〉，得武帝賞識，拜為郎。文君年長色衰，相如欲另娶茂陵女為妾，文君作〈白頭吟〉，相如見詩乃止。

相傳為文君所作的〈白頭吟〉，又名〈皚如山上雪〉，全詩如下：

皚如山上雪，皎若雲間月。
聞君有兩意，故來相決絕。
今日斗酒會，明日溝水頭。
躞蹀御溝上，溝上東西流。
淒淒復淒淒，嫁娶不須啼。
願得一心人，白頭不相離。
竹竿何嫋嫋，魚尾何蓰蓰。
男兒重意氣，何用錢刀為。

這首詩共十六句，四句一層，勻稱地分爲四層。它表現女主人翁面對婚變的冷峻態度與感情活動，給予讀者的啓示很多。尤其令人思索的是，像卓文君、司馬相如這樣一對「自擇佳偶」結成的夫妻，怎麼也會產生「兩意」？

相傳，漢武帝與陳皇后感情很深，後來，漢武帝疏遠了陳皇后，讓她孤零零地住在長門宮。陳皇后聽說司馬相如善爲辭賦，遂奉黃金百斤，爲司馬相如取酒。司馬相如代她作〈長門賦〉以獻漢武，漢武被感動，與她重修舊好。

司馬相如能爲一個失寵的女子表達出纏綿悱惻的情愫，說明他對女性內心的痛苦體會很深。何以他竟不能爲卓文君著想而欲另娶茂陵人女爲妾？難怪後人訕笑他了：

〈長門〉解為他人賦，卻惹閨中怨〈白頭〉（清葉舒璐〈論古〉）

* * * * *

相如解作〈長門賦〉竟遣文君怨〈白頭〉（清呂兆麒〈讀書有感〉）

葉舒璐、呂兆麒的訕笑是合情合理的。而作爲讀者，我更關心的還是：漢武帝與陳皇后，卓文君與司馬相如，他們都曾經是「天生的一對夫妻」，爲什麼也存在婚變的危機？其中是否潛在地包含著這樣一個命題：「將新變故易，持故爲新難」；即使是那些歷經艱辛獲得的愛情，也不一定能長久保持。因爲，正如法國十七世紀的格言體作家拉羅什福科所說：

在愛情中有兩種堅貞不渝：一種是由於我們不斷地在我們的愛人那裡發現可

愛的新特點，另一種則不過是由於我們想獲得一種堅貞不渝的名聲。

假如這兩種堅貞不渝都不存在，愛情的生命也就停止了。

也許不應忽略，這種「愛情的中止」在中外文學作品中似未得到描述，作家們陶醉在青年男女爭取愛情的牧歌中而不去看一眼他們結合後可能出現的尷尬情形。倒是袁枚《子不語》卷十三〈趙氏再婚成怨偶〉一則，所寫雖屬兩世姻緣，但與這種尷尬情形相近。先看原文：

雍正間，布政司鄭禪寶妻趙氏，有容德，與鄭恩好甚隆，以瘵疾亡，臨訣誓曰：「願生生世世爲夫婦。」卒之日，旗下劉某家生一女，生而能言，曰：「我鄭家妻也。」……時鄂西林相公以爲兩世婚姻，亦太平瑞事，勸鄭續娶劉女，十四歲即行合巹之禮，時鄭年六旬，白髮飄蕭，兼有繼室女。嫁年餘，鬱鬱不樂，竟縊死。袁子曰：「情極而緣生，緣滿而情又絕，異哉！」

這種兩世姻緣故事，在古代甚多，特別著名的也許是「玉簫女兩世姻緣」。

書生韋皋在遊學途中和洛陽名妓韓玉簫相愛。玉簫母嫌韋皋功名未就，拆散二人。韋進京趕考，玉簫思念成疾，鬱悶而死，死後轉世爲荊襄節度使張延賞之義女。韋狀元及第後，因出征吐蕃，功遷大元帥，鎮守邊疆，得知玉簫病，傷感不已。十八年後，韋班師回朝，途中拜訪張延賞，於酒席間見其義女張玉簫與韓玉簫面貌相同，欲娶以爲妻。延賞怒而責之，韋率兵包圍張府。韓玉簫母聞訊，乃出示韓之遺像，表明張玉簫即韓玉簫投胎所生。最後由皇帝調解，二人奉旨成婚。

韋皋與玉簫的兩世姻緣題材，首見於唐代范攄的《雲溪友議》，元代的喬吉據以鋪衍爲雜劇。雜劇重在寫兩世姻緣的難以成就，結局是美滿的；袁枚的〈趙氏再婚成怨偶〉卻告訴讀者：即使是「情極而緣生」的婚姻，也會有「緣滿而情又絕」的不幸結局。僅此一點，即可見袁枚對人類的感情生活有獨到而深刻的體察。

器物怪的神通

器物本無靈性，人賦之與。

《搜神記》卷十八有這樣一則故事：

曹魏景初年間（二三七—二三九），咸陽縣縣吏王臣家裡出現了怪事，無緣無故地會聽見拍手和呼喊的聲音，留神查看卻看不見什麼。他母親夜裡幹活累了，就靠在枕頭上睡覺。一會兒，便又聽見灶下有喊聲說：「文約，你爲什麼不來？」他母親頭下的枕頭回答道：「我被枕住了，不能到你那邊去。你可以到我這兒來喝水。」到天亮一看，原來是飯勺。王臣就把它們放在一起燒掉了，他家裡的怪事從此便沒有了。

一個飯勺怪，一個枕頭怪，其智力程度是很低的：自報家門，自洩機密，自取滅亡。王臣輕而易舉便將它們燒掉了。故事具有濃郁的喜劇色彩。

《子不語》卷十九也有一篇寫器物怪的小說，題爲〈礅怪〉：

高睿功，世家子也，其居廳前有怪，每夜人行，輒見白衣人長丈餘，躡後，以手掩人目，其冷如冰。遂閉前門，別開門出入。白衣人漸乃晝見，人咸避之。睿功偶被酒坐廳上，見白衣人登階倚柱立，手拈其鬚，仰天微睇，似未見睿功在坐者。睿功潛至其後，揮舉奮擊，誤中柱上，挫指血出，白衣人已立丹墀中。睿功大呼趨擊，時方陰雨，爲苔滑撲地。白衣人見而大笑，舉手來擊，腰不能俯，似欲以足蹴，而腿又長不能舉，乃大怒，環階而走。睿功知其無能爲，直前抱持其足而力掀之，白衣人倒地而沒。睿功呼家人就其初起處掘深三尺，得白瓷舊坐礅一個，礅上鮮血猶存，蓋睿功指血所染也。擊而碎之，其怪遂絕。

比起《搜神記》中的枕頭怪、飯勺怪，這個礅怪能耐稍強。但它不能彎腰，不能舉腿，結果被睿功伺機掀倒，爾後又被查出原形，「擊而碎之」，畢竟能耐有限。

中國志怪小說中的妖怪，粗略劃分，大抵有動物怪、植物怪和器物怪三種。動物的生命層次很高，所以動物怪極難對付，《西遊記》中的虎怪、熊怪之類，往往需要孫悟空親自出馬；植物的生命層次較低，所以植物怪神通較小，《西遊記》中與唐僧談禪的十八公（松）、拂雲叟（竹）等，禁不住豬八戒「一頓釘鈀，三五長嘴，連拱帶築，……那根下俱鮮血淋漓。」至於器物，本無靈性，所以器物怪雖也略具神通，卻極其有限，甚至不足以成為「凡」人的敵手。袁枚筆下的磁坏即是一例。

張志和與陶峴

西塞山前白鷺飛，桃花流水鱖魚肥。青篛笠，綠蓑衣，斜飛細雨不須歸。

張志和是唐朝的高士，肅宗曾賞賜他奴僕和婢女各一人，張志和將他們配為夫婦，取名為漁童、樵青。有人問他緣故，回答說：「漁童的職責是釣魚，蘆葦中搖槳；樵青的職責是打柴，竹林裡煮茶。」他的〈漁歌子〉是一首千古流傳的好詞：

西塞山前白鷺飛，桃花流水鱖魚肥。

青箬笠，綠蓑衣，斜飛細雨不須歸。

據說張志和自稱「煙波酒徒」，浮家泛宅，往來於苕霅間。從這首詞來看，的確名不虛傳。

袁枚的朋友陸飛，其爲人近於張志和。《隨園詩話》補遺卷一第二二則載：錢塘陸飛，字筱飲，乾隆乙酉解元。性高曠，善畫工詩，慕張志和之爲人，自造一舟。妻孥茶竈，悉載其中，遨遊西湖，以水爲家。〈揚州遇雪〉云：「雨隨微霰集，船與斷冰爭。」〈渡錢江〉云：「萬弩尚餘沈鐵在，群山渾欲勒潮回。」〈爆竹〉云：「縕袍易裂拋宜遠，濁酒能醒近未妨。」

陸飛「以水爲家」，這種生活方式確與張志和相同。但他的詩卻不像張志和的〈漁歌子〉那樣洋溢著超出世務之外的氣息，倒是蘊含著某種鬱怒不平。因此，論陸飛的爲人，實更近於陶峴。

陶峴是唐代袁郊的傳奇小說《陶峴》中的主角，是作者所欣賞的「逢奇遇興，則窮其景物，興盡而行」的名士。他本來能有一番大作爲，但生不逢時，遂

「自謂疏脫，不謀仕宦」，把精力消耗在怡情悅性的享樂中。後來他從南海郡守處得到了三件寶：古劍、玉環及「善遊水而勇健」的崑崙奴摩訶。「每遇水色可愛，則遺環劍，令摩訶下取，以爲戲笑也。」就這樣過著看似浪漫而實無聊的生活。

陶峴代表了中國古代讀書人的一種類型。他曾爲自己畫了幅精神肖像：「某嘗慕謝康樂之爲人，云終當樂死山水間。但徇所好，莫知其他。……居布素之賤，擅貴遊之權，浪跡怡情，垂三十年，固其分也。不得升玉墀，見天子，施功惠養，得志平生，亦其分也。」他自比於謝靈運（康樂），應該說是有自知之明的。據《宋書》本傳，謝靈運是個狂熱地追尋山水之美的名士，而謝靈運之縱情於山水，一方面固然出於個人興趣，但更重要的另一方面卻是藉以排除自己對劉宋朝廷的憤憤不平的情緒。陶峴所謂「亦其分也」，即表達了一種抱負得不到施展的不滿。

陸飛的詩句，如「船與斷冰爭」、「群山渾欲勒潮回」，不平之氣如此強烈，袁枚卻視而不見，未知何故？

大通和尚

只有大死，才能大生；只有在截斷了我們已經習慣的思維邏輯後，才能大澈大悟。

吳門某進士通禪理，立志成佛。聞天台山僧名大通者，年一百二十歲矣，乃徒步訪焉。兩扣茅蓬，辭不見。進士跪門一日，僧召入，問：「汝來何爲？」曰：「願學佛。」曰：「君非某尚書之子歟？」曰：「然。」「今尚在乎？」曰：「在。」「有妻子乎？」曰：「有。」僧曰：「君悞矣！佛性慈悲，汝父尚在，妻尙存，而忍心別父棄妻，貪圖作佛，此心可以見得佛否？」進士不能答。僧又問：「成佛必須功德。汝立何功？」曰：「我遇荒年必倡捐賑粥，遇棺櫬必掩埋，年年買活物放生。」僧曰：「凡有心積德以徼福者，與無德者同。猶之律上過失殺人，雖殺不抵命也。汝貪成佛而強爲諸善，何功之有？汝果要學佛，當先學我，便從此刻學起。我坐則坐，我食則食，我溲溺則溲溺，我眠則眠，汝能照樣行乎？」曰：「能。」僧長嘆一聲，便閉目坐榻上。一日不語，不飲，不食，不眠，不起溲溺。進士骨節酸楚，腹中雷鳴，溲溺俱下，而僧不知也。不得已起，跪僧前，願且還家。僧亦不答，拱手微笑而送出焉。

這則〈大通和尚〉，見於《續子不語》卷五。大通和尚的行為是頗為古怪的：「不語，不飲，不食，不眠，不起溲溺。」這豈不是和死人一樣嗎？也許，他正是以此啓發某進士：只有大死，才能大生；只有在截斷了我們已經習慣的思維邏輯後，才能大徹大悟。

《隨園詩話》卷一第八則云：

嵩亭上人〈題活埋菴〉云：「誰把菴名號『活埋』？令人千古費疑猜。我今豈是輕生者，只為從前死過來。」周道士鶴雛有句云：「大道得從心死後，此身悞在我生前。」兩詩於禪理俱有所得。

大通和尚所「通」的，或許就是這兩首詩所寓的「禪理」。

《隨園詩話》獨無名

黎簡不僅詩風奇崛，為人亦甚是奇崛，惜在袁枚詩話中獨無名。

詩人黎簡（一七四八—一七九九）與袁枚年輩相仿。他字簡民，號二樵，又號石鼎道士。廣東順德人。乾隆拔貢。擅畫山水，蒼潤似吳鎮，淡遠近倪瓚，頗負時譽。工詩詞。詩中有畫是其最大特點。又刻意煉句，言人所不能言，較有個性。有《五百四峰草堂詩鈔》、《藥煙閣詞鈔》、《芙蓉亭樂府》等。

黎簡的詩在文學史上占有一席之地。今人嚴迪昌《清詩平議》在論及山水詩時認爲：「中國的山水詩興起並漸見成熟於南北朝時期，經唐宋而臻於絢爛的境地。可是，時代的限制，疆域和交通都在一定程度上局限了詩人的視野，而詩藝的縋幽鑿險，貼寫難狀之景亦有個不斷發展的進程。這些不足或缺略，正是到了清代，由詩人們各以自己的境遇經歷高妙的手筆可貴地作了彌補。」「黎簡《五百四峰草堂詩鈔》的對羅浮及西江山水別開生面的表現」即清人的重要貢獻之一。

黎簡的成就如此重要，但《隨園詩話》中竟見不到他的名字和詩作。是袁枚的門牆太高嗎？否。《隨園詩話》補遺卷三第二九則，言蔣心餘自稱「詩仙」，而稱袁爲「詩佛」。所謂「詩佛」，袁解釋爲「廣大教主之義」，亦即其弟子梅沖〈詩佛歌〉所云：「佛之慈悲罔不包，先生見解同其超。佛之所到無不化，先生法力如其大。」在袁枚那裡，想領到詩人的門票是很容易的。錢泳《履園叢話》卷八曾拿袁枚與沈德潛比較說：「沈歸愚宗伯與袁簡齋太史論詩，判若水火：宗伯專講格律，太史專取性靈，自宗伯三種《別裁集》出，詩人日漸日少；自太史《隨園詩話》出，詩人日漸日多。」多的是些什麼人呢？「方外緇流，青衣紅粉，無所不備。」作爲「詩佛」，袁枚似乎志在普渡衆生，只是，黎簡卻未能進入《詩話》。

是袁枚不知道黎簡其人嗎？也不。黎簡在廣東詩人中當得起「生面別開、幽蹊獨往」之譽，屠琴塢曾推崇說：「並世幾人容闊步，平生此老合低頭。」黎簡的交遊亦不算窄。袁枚《隨園詩話》所及勝流如翁方綱、王述菴、洪亮吉、郭頻伽等都稱賞過他。並且，袁枚還曾到廣東旅遊，不會不知道黎簡。

既然如此，袁枚何以將黎簡屏除《詩話》之外呢？

譚宗浚《荔村隨筆》的一則記載洩露了此中秘密：

子才到粵，攜劉霞裳，將遊西樵。二樵與友人書云：「聞浙人某將作樵遊，且攜孌童而來，足令林慚壑恥，殊穢名山；聞此公又欲選余詩，余亦雅不欲以詩卷供采摭。」子才抵西樵，果有聚觀而譟者，踉蹌走。

原來如此！看來，黎簡不僅詩風奇崛，爲人亦甚是奇崛。

與袁枚同時的戚學標有一首題爲〈祛惑〉的五古，略云：

臨汝有才子，二十聲騰騫。
少年志易滿，不惜踰短垣。
一旦鳳池奪，乃有當路援。
出入芙蓉府，謝去州縣煩。
非吏亦非隱，車馬填其門。

園亭恣遊宴，姬侍供盤飧。
晚益自任誕，夥頤為大言。
名教有樂地，渠欲一力翻。
人品不足齒，詩文亦何論。
況觀所論著，無一究根源。
腦脂遮俗眼，盡如古井眢。
欲舉其人書，拉雜盡燒燔。
一掃輕薄習，得見古道敦。
淫邪義當闢，楊墨非有寃。

「臨汝」是袁氏的郡望。戚學標的這些罵袁枚的話，黎簡聽了，當會欣然頷首；而袁枚本人，估計也會點頭稱是，因爲，他曾極爲欣賞這樣幾句詩：

殺我安知非賞鑑，因人絕不是英雄。

＊　＊　＊

能通關內風雲氣，不諱山東酒色名。

選家之病

袁枚為人坦率，直言選家之病無他，七弊端矣。

《隨園詩話》卷十四第二則列舉「選家選近人之詩」的七種弊端，堪稱一針見血。

其弊端係次爲：

1. 首先，大凡詩人的全集，都有自己的獨到之處，一定要全部閱讀，才可決定取捨；倘若只選取其中十分之一，再則又不是此人應該入選的詩，就不免狹隘淺薄。

2. 《詩經》三百篇，其中忠貞、邪惡、正風、變風的詩，無所不包；如果僅憑個人狹小的見識，而欲具備衆多才人的大全，對於各家流派的起源和發展，並沒有研究，就會拿自己的鞋樣做標準，卻把別人的腳削小來適合它。

3.劃分唐宋界線，推崇杜甫、韓愈，依附大詩人裝門面，卻不能判別眞僞，採擷精華。

4.開口便是綱常名教規諫諷刺，以爲與之無關的就不必選取；不知採蘭贈芍的情詩，與綱常名教有何關係？可是孔子並沒有刪掉它們。宋儒斥責蔡文姬不應入《後漢書·列女傳》，莫非《十七史》中的列傳，全是龍逢、比干一類人嗎？學究規條，令人欲嘔。

5.貪圖弄成一個大部頭的集子，以爲每郡每省一定要選上幾個人，於是勉強搜尋，以寬濫錄。

6.有的選家，其自身才力與作者相去甚遠，卻放肆地改竄原作，致使其金變成頑鐵。

7.徇一己之交情，聽他人之求請。

在袁枚所列舉的七種弊端中，前六種是針對沈德潛等人的；至於第七種，袁枚自己承認：「余作詩話，亦不能免。」看來他是頗爲坦率的。

《隨園詩話》補遺卷七第四四則載：

郭頻伽秀才寄小照求詩，憐余衰老，代作二首來，教余書之。余欣然從命，並札謝云：「使老人握管，必不能如此之佳。」渠又以此例求姚姬傳先生。姚怒其無禮，擲還其圖，移書嗔責。余道：此事與岳武穆破楊公歸，送禮與韓、張二王，一喜一嗔。人心不同，亦正相似。劉霞裳曰：「二先生皆是也：無姚公，人不知前輩之尊；無隨園，人不知前輩之大。」

郭頻伽爲人之不足取，顯而易見。值得注意的是姚姬傳與袁枚的態度：姚令人望而生畏，卻是好意引導後進；袁看似隨和可親，卻讓郭頻伽永遠在《隨園詩話》中出醜。據此，讀者不妨推測：《隨園詩話》中，徇情收入的詩一定很多；而袁枚特意交待「余作詩話」亦有第七種弊端，是否也會使許多進入詩話的作者遭後人白眼呢？

錢鍾書《談藝錄》五九論《隨園詩話》說：「自有談藝以來，稱引無知隨園此書之濫者。尤以卷八引青田才女柯錦機〈調郎〉五言絕，爲極糞土之汙。子才不惜筆墨，一至於斯。」柯錦機〈調郎〉詩，原文如下：

午夜剔銀燈，蘭房私事急。
薰蕕郎不知，故故偎儂立。

這樣的詩也被收入，說明《隨園詩話》中的「惡詩」多不勝數。

袁枚自誇

袁枚為人率性，自誇自重之言，時有所見。

袁枚常說他不喜歡八股文，這是實話。但他又一再炫耀他的八股文，似乎包含了較多自誇的成份。比如《子不語》卷九〈狐讀時文〉一則，其中李生與狐女的對話很有意思。李生將他平日所作的八股文拿給狐女看，狐女翻視良久，問：「郎君平日讀袁太史稿乎？」曰：「然。」女曰：「袁太史文雄奇，原利科名，宜讀；然其人天分高，非郎所能學也。」

不過，袁枚更樂意炫耀的還是他的詩，時常在《隨園詩話》中揭出師友的頌諛之辭，以達到自我標榜的目的。補遺卷三第二九則，言蔣心餘自稱「詩仙」，而稱袁爲「詩佛」，袁枚自釋爲「廣大敎主之義」；又引用其弟子梅沖的〈詩佛歌〉，稱頌袁枚「天上地下我獨尊」，「一心之外無他師」。頌諛的規格很高。

《隨園詩話》補遺卷四第二六則亦是自我宣傳的代表作：

何春巢向余云：「沙竹嶼，如皋寒士，性孤傲不群，應試不售，遂棄書遠遊，足跡遍天下。其所推崇者，惟先生一人。」……（沙）《續隨園詩話》云：「瓣香好下隨園拜，安得黃金鑄此人？」

相傳，前人有欲以黃金爲賈島鑄像者，沙竹嶼則欲以黃金爲袁枚鑄像，其推崇之情，眞難以復加了。而袁枚如此坦然地引用他的話，亦足與今日的文壇名流比美。

履朱門如蓬戶

我們的生活是心理的生活，朱門與蓬戶並無差別，故能履朱門如蓬戶。

《世說新語·言語》記有這樣一個故事：

竺法深在簡文帝座上，丹陽尹劉惔問他：「你身爲和尚，何以來遊朱門？」他答道：「在你看來是朱門（富貴人家），在貧道眼裡如遊蓬戶（貧民窟）。」

竺法深的回答頗爲機智。按照常人的邏輯，朱門與蓬戶的區別是明擺著的，「遊朱門」即是羨慕富貴的確鑿無疑的表示。而竺法深卻指出我們的生活是心理的生活，在他眼裡，朱門與蓬戶並無差別，故能履朱門如蓬戶。

袁枚很欣賞竺法深的這一機鋒。《隨園詩話》補遺卷一第四一則云：出入權貴人家，能履朱門如蓬戶，則炎涼之意，自無所動於衷。宋人〈詠松〉云：「白雲功成謝龍去，歸來自掛千年松。」汪易堂（蒼霖）〈詠菊〉云：「不蒙春風榮，詎畏秋氣肅？」可謂見道之言。

袁枚說這話，不無自我辯護之意。他的同時代人蔣士銓，作有傳奇劇〈臨川夢〉，出場詩云：

妝點山林大架子，附庸風雅小名家。
終南捷徑無心走，處士虛聲盡力誇。
獺祭詩書充著作，蠅營鐘鼎潤煙霞。
翩然一隻雲間鶴，飛來飛去宰相衙。

這首詩表面上是諷刺明末的陳繼儒，實際上是挖苦袁枚。「既是山人，何不到山裡去？」「既然是雲間鶴，為何又在宰相衙飛來飛去？」這樣的批評，袁枚是時常耳聞的。因為他退隱之後仍與達官貴人來往頻繁，如畢沅（官至湖廣總督）、尹繼善（文華殿大學士）、盧見曾（轉運使）、孫士毅（文淵閣大學士）……袁枚並不否認這一事實，而用「履朱門如蓬戶」一語來為自己開脫，不管他是否眞的這麼想，措詞是相當高明的。

《隨園詩話》補遺卷十第二四則還說：

人但知滿口公卿者爲俗，而不知滿口不趨公卿者，爲尤俗必也。素其位而行，不忮不求，無適無莫，其斯謂之君子乎？《唐闕史》載：中書舍人路群之高淡，給事中盧宏正之富貴，雪中相過，所服不同，所言不同，而兩意相忘，相好特甚。時人兩美之。余嘗與丞相莊滋圃赴尹文端公小飲，賦七古，有句云：「赤也端章點也狂，夫子難禁莞爾笑。」這或許可爲「履朱門如蓬戶」一語附注。

知己之感

知己平生人第一，白頭重到路三千。荐章海內猶存稿，往事風中已化煙。夢自難尋腸自轉，幾回欲起又留連。

《隨園詩話》補遺卷八第一四則載：

嘗讀劉長卿〈重過曲江詩〉云：「何事最傷心，少年曾得意。」蓋唐時進士登科，多同遊曲江之故。余甲辰到廣西，蒙撫軍吳樹堂先生飲余於八掛堂，是五十年前金震方中丞拜表荐余處。追憶少年恩知，爲之悽絕，一坐竟不忍起。口號一律云：「森森八桂翠參天，此處曾經謁大賢。知己平生人第一，白頭重到路三千。荐章海內猶存稿，往事風中已化煙。夢自難尋腸自轉，幾回欲起又留連。」

這則詩話所表達的知己之感，在讀書人中極易引起共鳴。

據《列子》記載：「伯牙善鼓琴，鍾子期善聽。伯牙志在高山，鍾子期曰：『巍巍乎，若泰山。』伯牙志在流水，鍾子期曰：『洋洋乎，若江海。』伯牙所念，子期心明。伯牙曰：『善哉，子之心與吾心同。』子期既死，伯牙絕弦，終身不復鼓也。」這段故事很耐人尋味。

首先，我們可以設想：「伯牙志在高山」，當然不是用琴聲直接描繪高山；「伯牙志在流水」，當然不是用琴聲直接模擬流水。《列子》的意思只是說：伯牙用琴聲表達了他像高山一樣巍然屹立於天地之間的情操和像大海一樣奔騰於宇宙之間的智慧，而鍾子期的情操、智慧正好與他產生了共鳴，於是兩人成爲了知音或知己。

其次，在伯牙遇到鍾子期之前，他的含蘊著其情操與智慧的琴聲從來沒有人如此眞切地理解過；同樣，在聽到伯牙的琴聲以前，還沒有誰彈奏出恰好與子期的心靈之弦節奏相同的樂曲。世上只有一個鍾子期，也只有一個俞伯牙。爲了自我和朋友的不爲他人所理解的心靈，子期死後，伯牙終身不復鼓琴，實在是理所當然的。

晉代的阮裕說：「非但能言人不可得，正索解人亦不可得。」（不僅善於說出至情至理的人難得，共鳴契合的人也很難找到。）北宋的呂本中化用其意作詩說：「好詩正似佳風月，解賞能知已不凡。」（一首好詩正如一片美麗的風景，能夠理解並賞識它，就已經不同尋常了。）他們二人所提出的命題，即知音難得。

「千篇著述誠難得，一字知音不易求。」唯其如此，所以歷史上那些才具卓特的人，往往得不到應有的賞識。唯其如此，所以古代的一句格言說：「士爲知己者死，女爲悅己者容。」後六字略嫌甜膩，前六字則何等悲壯！伯牙絕弦，袁枚「追憶少年恩知，爲之悽絕」，這才到達了知己的境界。

吾家阿連

袁枚言：「香亭弟偶吟，往往如吾意所欲出，不愧吾家阿連也」。

袁枚和他的堂弟香亭，感情很好，往往袁枚想表達的意思，在香亭的詩裡有精彩的抒寫。袁枚極富詩意地稱之為「吾家阿連」。《隨園詩話》卷七第九則云：

香亭弟偶吟，往往如吾意所欲出，不愧吾家阿連也。余三十年前，選妾姑蘇，所需花封甚輕，今動至數金。香亭〈過吳門〉云：「傳聞近日選花枝，百兩纏頭費莫支。爭及當年吳市好，一錢便許看西施。」

「吾家阿連」，典出《謝氏家錄》。鍾嶸《詩品》中引《謝氏家錄》說：南朝詩人謝靈運，每次見到他的弟弟謝惠連，就會得到佳句。一次在永嘉西堂作詩，竟日不就。打盹的時候，忽然夢見惠連，即成「池塘生春草」。所以謝靈運曾說：「此語有神助，非吾語也。」

「池塘生春草」一句見謝靈運〈登池上樓〉詩，全詩如下：

潛虬媚幽姿，飛鴻響遠音。
薄霄愧雲浮，棲川怍淵沈。
進德智所拙，退耕力不任。
徇祿及窮海，卧痾對空林。
衾枕昧節候，褰開暫窺臨。
傾耳聆波瀾，舉目眺嶇嶔。
初景革緒風，新陽改故陰。
池塘生春草，園柳變鳴禽。
祁祁傷豳歌，萋萋感楚吟。
索居易永久，離群難處心。
持操豈獨古，無悶徵在今。

這首詩的前半發洩官場失意的牢騷，中間寫出滿園春色，最後觸景傷情，決意歸隱。「池塘生春草」一句，好在猝然與景相遇，藉以成章，非深思而得，非鍛鍊而成，所謂天生好語，不待雕鐫。

《隨園詩話》補遺卷四第二二則亦頗有趣味：

香亭以余年衰，勸勿遠出遊山。余書六言絕句與之云：「看書多擷一部，遊山多走幾步。倘非廣見博聞，總覺光陰虛度。」

面對「吾家阿連」，自當有這樣的胸襟氣魄！

說文論史

評韓愈〈羑里操〉

大聖人必不反其詞以取媚而沽名。

君子即使在政治生活中遭受不公平待遇，仍當忍辱負重，忠於君王。

《隨園詩話》補遺卷九第五七則云：

鄭夾漈詆昌黎〈琴操〉數篇爲兔園冊子，語似太妄。然〈羑里操〉一篇，文王稱紂爲「天王聖明」，余心亦不以爲然，與《大雅》諸篇不合，不如古樂府之〈琴操〉曰：「殷道溷溷，浸濁煩兮；炎炎之虐，使我愆兮。」其詞質而文。要知大聖人必不反其詞以取媚而沽名。

袁枚的論斷，確有幾分見地。

唐代的韓愈，字昌黎，他有一首詩，題爲〈拘幽操〉（即〈羑里操〉），是以周文王的口氣寫的。詩云：

目窈窈兮，其凝其盲。

耳肅肅兮，聽不聞聲。

朝不見日出兮，夜不見月與星。

有知無知兮，為死為生。

嗚呼，臣罪當誅兮，天王聖明。

周文王是商末周族的領袖，姬姓，名昌，商紂時爲西伯，曾被商紂王拘禁於羑里（在今河南湯陰縣北）。史載周文王被囚禁期間，曾鼓琴作歌，以解憂愁，韓愈此詩即是揣摹當時情景而作。按照現代人的觀點，既然紂是昏君，文王是聖人，文王的被囚禁必然是一樁冤獄；既然是冤獄，文王就應該鳴其不平。然而反倒在韓愈筆下，文王沒有怨怒之氣，並且自認「臣罪當誅」，高唱「天王聖明」。他謹守舊時代倫理政治觀念中的「忠」的原則；這一原則的基本含義是：一個眞正具有「忠孝」之心的「君子」，即使在政治生活中遭受不公平待遇，仍當忍辱負重，忠於君王，不能犯上作亂。

這使人想起明代以節操著稱的名臣楊繼盛。楊繼盛攻擊權相嚴嵩時是極其勇猛的，曾羅列十大罪，五大奸，要求嘉靖皇帝除此「內賊」，重則按律論處，輕則勒令退休。但在皇帝面前卻是不發一句怨言的標準的「謙謙君子」。他彈劾嚴嵩，結果觸怒了嘉靖皇帝，將他投在獄裡，施以廷杖酷刑。他在獄中作了一首〈苦陰雨〉詩：「捫胸問心心轉迷，仰面呼天天不語。混宇宙兮不分，靄煙霧兮氤氳。西風起兮天霽，掛遠樹兮夕曛。聚還散兮暮雲平，晦復明兮日初晴，何時回怒兮天王聖明？」甚至當嘉靖皇帝下詔將他「棄市」之後，他仍然這樣寫道：「浩氣還太虛，丹心照萬古。生前未了事，留與後人補。」「天王自聖明，制度高千古。平生未報恩，留作忠魂補。」依舊沒有一句說到「君父不是」。由此可見，「忠」的觀念在唐、宋、明、清時期的倫理政治原則中占有至高無上的地位，讀書人通常都不敢越過這一門檻。

韓愈是中唐人，所以，當他揣摹文王的心理作詩時，情不自禁地讓文王扮演了忠臣的形象。「臣罪當誅兮，天王聖明」二句，北宋的程頤大為讚賞，說「道文王意中事，前後之人道不到此」，就因為這兩句貼合了「忠」的觀念。但歷史上的周文王是沒有這種忠君觀念的，所以袁枚「不以爲然」，感到韓愈並未道出「聖賢心事」。袁枚的見地比程頤高明。

盡信書，不如無書

擦亮眼睛不受書本欺騙——讀書必須有自己的見識，分辨書中的是非，才能眞有收獲。

「盡信書，不如無書。」這是孟子的話。強調讀書必須有自己的見識，分辨書中的是非，才能眞有收獲。袁枚《隨園詩話》補遺卷三第二七則引用了這句話，然後又以自己的讀書心得來加以印證。

袁枚說：「盡信書，不如無書」，這是孟子晚年才明白的道理。如果他早覺察到這一點，那麼，所謂瞽瞍拆除梯子，焚燒倉廩；舜不稟告父母私自娶妻等說法，就不會被當成眞事記下來了。正如葛伯這個擁有方圓七十里領地的諸侯，卻去搶奪小孩子的肉、飯，其行爲之惡劣近乎乞丐；商湯王派一個小卒去捉拿他就夠了，何須出兵征討？

在中國的古籍中，人們通常認爲《尚書》和《論語》最爲可信。袁枚卻認爲這兩部經典也不完全眞實，原因是《尚書》開頭便講「粵若稽古帝堯」，這就表明所記帝堯的事相隔已有千百年了；倘若年代相近，史官是不會說「粵若稽古康熙，稽古順治」的話的。至於《論語》，其中陳成子、魯哀公都是孔子去世以後才有的謚號，足見《論語》所載的事，也遠在聖人去世百十年之後，後人追記他的話，自有所見異詞、所聞異詞的問題。比如，同一個管仲，忽而貶斥，忽而褒獎，像是兩張嘴說出來的話。子路去見背負竹器的老人，到達時老人已出去了，子路「不仕無義」一段，是說給誰聽的呢？這種可疑之點不一而足。

袁枚曾有這樣兩句詩：

雙眼自將秋水洗，一生不受古人欺。

其意思是：擦亮眼睛，不受書本欺騙。

始皇之威

秦一朝刑法苛暴，虎狼之國矣。

「苛政猛於虎」的典故是許多人都熟悉的。據《禮記·檀弓下》記載：一次，孔子從泰山下路過。聽到一位婦女在墓前傷心地哭。孔子叫子路去問問情況，子路說：「聽你的哭聲，好像有幾重憂慮。」女子道：「是的。從前我的舅父被老虎吃了，我的丈夫被老虎吃了，現在我的兒子又被老虎吃了。」孔子問：「爲什麼不離開此地呢？」女子道：「這裡沒有苛政。」孔子由此得出了「苛政猛於虎」的結論。意謂苛重的政令及賦稅比老虎還要凶猛可怕。

《子不語》卷六〈秦毛人〉所記的情形，也寓有批判苛政之意：

湖廣鄖陽房縣有房山，高險幽遠，四面石洞如房。多毛人，長丈餘，遍體生毛，往往出山食人雞犬，拒之者必遭攫搏。以槍炮擊之，鉛子皆落地，不能傷。相傳制之之法，只須以手合拍，叫曰：「築長城，築長城。」則毛人倉皇逃去。

余有世好張君名敨者，曾官其地，試之果然。土人曰：「秦時築長城人，避入山中，歲久不死，遂成此怪，見人必問城修完否。以故知其所怯而嚇之。」數千年後猶畏秦法，可想見始皇之威。

秦朝刑法苛暴，一向被稱爲虎狼之國。服勞役的比例是極高的。秦時全中國人口約二千萬左右，被徵發造宮室墳墓一百五十萬人，守五嶺五十萬人，蒙恬所率防匈奴兵三十萬人，築長城約五十萬人，再加其他雜役，總數不下三百萬人，占總人口的百分之十五。如此使用民力，實非民力所能勝任。雖然形式上不發閭左，但刑法苛暴，很多農民被稱爲罪人去服各種勞役，實際上等於部分的發閭左。鄖陽房山中的毛人，也許就是秦時被當作罪人派去修長城的，既然是罪人，其服役也就永無了期，在絕望之餘，他們懷著僥倖心理逃入山中躲了起來。數千年過去了，這些「歲久不死」的毛人什麼也不怕，唯獨怕人高叫「築長城」，由此不難想見秦法之酷，始皇之威。

唐代裴鉶的小說集《傳奇》中，有篇〈陶尹二君〉，敍寫一個「古丈夫」的奇遇。這位「古丈夫」是秦時人。他年幼時，正值秦始皇好神仙術，被選中，隨徐福入海求仙，他想法逃了出來，「歸而易姓業儒」。不幾年，又碰上秦始皇焚書坑儒，在憂危恐懼之中，又出奇計，逃了出來，改名換姓做了「板築夫」。偏偏趕上秦始皇修長城，他被抓去當了役夫，「於辛勤之中，又出奇計，得脫斯難」；「又改姓氏而業工」，適値秦始皇去世，大修陵墓，竣工後，工匠全被活埋，這位古丈夫也在其中，「又出奇謀，得脫斯苦。」古丈夫從自己的經歷體會到，他在世間沒好日子過，乾脆逃入深山，「食松脂木石，乃得延齡。」這位「古丈夫」和「秦毛人」的境遇是差不多的，儘管裴鉶說他已成仙。

唐末杜荀鶴的〈山中寡婦〉詩說：

夫因兵死守蓬茅，麻苧衣衫鬢髮焦。
桑柘廢來猶納稅，田園荒盡尚征苗。
時挑野菜和根煮，旋斫生柴帶葉燒。
任是深山更深處，也應無計避征徭。

這位無法逃避賦稅和勞役的「山中寡婦」，倘若她知道了「秦毛人」的身世，也許會慨嘆：天下烏鴉一般黑！

劉、項都非識字人

竹帛煙消帝業虛，關河空鎖祖龍居。坑灰未冷山東亂，劉項原來不讀書。

詠始皇者，朱排山先生云：「詩書何苦遭焚劫，劉、項都非識字人。」崔念陵進士云：「劉、項生長長城裡，枉用民膏築萬里。」

這是《隨園詩話》卷十四的第二二則。

秦始皇是中國歷史上引人注目的人物之一。在他的各種政治舉措中，焚書和築長城受到的非議特別多。焚書的目的，是爲了在意識形態方面實行一統；築長城意在防止外敵入侵；而最終目標是鞏固秦王朝。但事與願違，秦王朝很快就被推翻了，而高舉反秦大旗的劉邦、項羽卻既非讀書人，也非外敵。朱排山和崔念陵的詩，即旨在嘲諷秦始皇舉措不當。

比較起來，在焚書和築長城二者中，焚書受到的嘲諷更多些。唐代章碣的〈焚書坑〉是嘲諷秦始皇焚書的一首較爲著名的詩：

竹帛煙消帝業虛，關河空鎖祖龍居。
坑灰未冷山東亂，劉項原來不讀書。

此詩全用對比手法。前兩句將焚書與秦始皇的主觀意願相對，指出焚書的大火反而燒空了其統治基業，雖有山河關隘之險也無濟於事。後二句更具有畫龍點睛的效果：奮起推翻暴秦的，並非那些以古喻今的儒生，而是「不讀書」的「劉項」一輩人。既然如此，秦始皇又何必焚書坑儒，摧殘文化，實行愚民政策呢？章碣所辛辣諷刺的，正是這一點。朱排山詩的意思，亦與章碣相同；只是，步入後塵，已算不得創闢。並且，易章詩之「讀書」爲「識字」，語殊有有病；因爲，劉邦、項羽雖不喜「讀書」，卻是「識字」的。

《隨園詩話》卷五第六四則亦與焚書一事相關，謹附錄於此：

黃石牧太史言：「秦焚書，禁在民，不禁在官；故內府博士所藏，並未亡也。自蕭何不取，項羽燒阿房，而書亡矣。」年家子高樹程〈詠蕭相〉云：「英風猶想入關初，相國功勛世莫如。獨恨未離刀筆吏，只收圖籍不收書。」責項羽、蕭何而為始皇開脫，標新立異，頗善於翻案。袁枚是提倡以「翻案法」作詩的，自當為之喝彩。

郭巨埋兒論

孝子虛傳郭巨名，承歡不辨重和輕。無端枉殺嬌兒命，有食徒傷老母情。

《搜神記》卷十一記有郭巨埋兒的事。郭巨，河內郡隆慮縣人，又說是河內郡溫縣人。他兄弟三人，很早就失去了父親。父親去世才三年，兩個弟弟就要求分家。家裡有錢二千萬，兩個弟弟各拿走了一千萬。郭巨夫妻二人，沒有了錢，只好靠打工來供養母親。過了不久，妻子生了兒子。郭巨想，撫養兒子就要妨礙侍奉母親，這是其一；老人得到食物，總喜歡分給孫子，母親的食物便減少了，這是其二。於是他就在野外挖坑，打算埋掉兒子。結果卻挖到一塊石板蓋，下面有黃金一鍋，鍋中有朱砂寫的天書：「孝子郭巨，這黃金一鍋，是賞賜你的。」郭巨的名聲因此震動了全國。

郭巨埋兒，這個著名的行孝故事，其最早的出處是劉向《孝子傳》，文字與《搜神記》略有不同。從前流行的「二十四孝圖」上，畫著郭巨的兒子，在母親的臂膊上「搖咕咚」，高高興興地笑著；他父親正在挖坑，馬上要埋掉他了。另附有說明：「漢郭巨家貧，有子三歲，母嘗減食與之。巨謂妻曰：貧乏不能供母，子又分母之食。盍埋此子？」

這故事和這畫面曾使許多讀者深感難受，袁枚即是難受者之一。《隨園詩話》卷十二第四四則載：

姑母嫁沈氏，年三十而寡，守志母家。余幼時，即蒙撫養。凡浣衣盥面，事皆依賴於姑。姑通文史。……嘗論古人，不喜郭巨，有詩責之云：「孝子虛傳郭巨名，承歡不辨重和輕。無端枉殺嬌兒命，有食徒傷老母情。伯道沈宗因縛樹，樂羊罷相爲嘗羹。忍心自古遭嚴譴，天賜黃金事不平。」余集中有〈郭巨埋兒論〉，年十四時所作，秉姑訓也。

袁枚姑母論郭巨埋兒，指責他「忍心」，多數讀者恐怕都有同感。一個能將親生兒子活埋的人，其內心之殘忍，無論怎樣設想也不會過分。蘇軾曾與章惇開玩笑說：「能把自己的命豁出去的人，也能殺別人。」確實，能捨棄自己兒子的人，對普天下的孩子絕不會有慈愛之情。假如每一個父親都被訓練爲郭巨，這世界未免太陰暗了。

魯肅論

沈著冷靜、控制情緒，不為情勢失理智。

凡讀過《三國演義》的人，都會記得「借荊州」這件事。孫權以荊州資助劉備，此事是魯肅促成的，後來劉備遲遲不肯歸還，孫權因而對魯肅深感不滿。歷史上對「借荊州」一事有過多種解釋，有人說：「魯肅心中不忘漢室，所以資蛟龍以雲雨。」也有人說：「這是魯肅的失策，倘若周公瑾在，絕不會做這種事。」袁枚認爲這兩種看法都錯了，並特意作〈魯肅論〉一文，其中心論點是：當時爲吳國的長遠利益著想而採取正確策略的，沒有誰能超過魯肅。

袁枚指出：三國時期，最強大的是曹操。無論東吳還是西蜀，都不可能單獨與之抗衡。所以，孔明爲蜀國制定的策略是：先與孫權結盟而後進攻魏國；魯肅爲吳國制定的策略是：先與劉備結盟而後進攻魏國。如果能夠滅掉魏國，誅殺曹操，天下的前途固難以逆料；即使不能滅掉魏國，誅殺曹操，吳、蜀兩國的勢力也已相當穩固，不怕外敵來犯了。英雄所見，大抵相同。可惜孫權的見識達不到這種程度，這才襲取荊州，遣使向魏求和，此後便自稱臣子，以子女作人質，沒有安寧的日子了。可惜劉備的見識也達不到這種程度，這才因爲荊州的緣故，在白帝城用兵，以致兵敗嘔血而死。

袁枚還指出：除了孔明和魯肅外，曹操也是目光遠大的。據史書記載，曹操正寫信時，聽說孫權把荊州借給劉備，手中的筆不覺脫落在地。當時荊州已不屬曹操所有，不過是別人家的東西送給另一家，與曹操有何相干？他所以如此驚恐，是擔心魯肅的計策得以實行，兩股敵人互相聯結，天下就難以奪取了。曹操的才能畢竟高出於孫、劉之上啊！惟其如此，所以，在襄陽之役中，趙儼不肯對關羽斬盡殺絕，建議留下關羽作爲孫權的牽制力量，曹操表示完全同意。孫權請求擒捉關羽，以示效忠於曹操，曹操卻公開了孫權的奉章，射箭傳書叫關羽逃走。曹操擁有百萬大軍，又占據著有利的地形，尚且千方百計地使對方互相爲敵；而小小的東吳，居然要斷西蜀之援，孤軍對付曹操，這不是太荒謬了嗎？

袁枚的這篇史論，極力讚美魯肅的遠見，文氣之盛，令讀者拍案稱是。

裹足案

只有「賤丈夫」才熱衷於所謂「三寸金蓮」。

裹足又稱纏足，這種陋習始於南唐李後主。他的宮縯窈娘曾以帛裹足，作新月形，著素襪舞於蓮中，回旋飄逸，有淩雲之態，於是深得後主青睞。

袁枚對裹足是持非議態度的。《子不語》卷九〈裹足作俑之報〉，專設「南唐李後主裹足案」，陰間判官說：「後主前世本嵩山淨明和尙，轉身爲江南國主，宮中行樂，以帛裹其妃窈娘足，爲新月之形，不過一時偶戲。不料相沿成風，世上爭爲弓鞋小腳，將父母遺體矯揉穿鑿，以致量大校小，婆怒其媳，夫憎其婦，男女相貽，恣爲淫褻。不但小兒女受無量苦，且有婦人爲此事懸樑服鹵者。上帝惡後主作俑，故令其生前受宋太宗牽機藥之毒，足欲前，頭欲後，比女子纏足更苦，苦盡方薨。近已七百年，懺悔滿將還嵩山修道矣。」

《隨園詩話》對裹足也有不滿的表示。如卷四第三七則：

杭州趙鈞台買妾蘇州，有李姓女，貌佳而足欠裹。趙曰：「似此風姿，可惜土重。」——土重者，杭州諺語：腳大也。媒嫗曰：「李女能詩，可以面試。」趙欲戲之，即以〈弓鞋〉命題。女即書云：「三寸弓鞋自古無，觀音大士赤雙趺。不知裹足從何起？起自人間賤丈夫！」趙悚然而退。

袁枚將李姓女的詩收入《隨園詩話》，就表示他贊同這位婦女的意見。

對於婦女來說，裹足確是一種非人道的折磨。據淸代錢泳《履園叢話》說：

有些母親，最初「憐其女纏足之苦，必至七、八歲方裹，是時兩足已長」，「往往緊裹使小，女則痛楚號哭，因而鞭撻之，至鄰里之所不忍聞者。」與錢泳時代相近的小說作家李汝珍，對中國女性的這種痛苦極為同情。他在《鏡花緣》中虛構了一個「男子反穿衣裙，作為婦人，以治內事；女子反穿靴帽，作為男人，以治外事」的女兒國，讓年過半百的來自「天朝上國」的男子林之洋在這裡以傳奇的方式體驗了中國女性的痛苦。林之洋被女兒國的國王看中，封為王妃，必須穿耳、纏足。我們來看林的纏足經歷：

又上來兩個宮娥，都跪在地，扶住「金蓮」，把綾襪脫去。那黑鬚宮娥取了一個矮凳，坐在下面，將白綾從中撕開，先把林之洋右足放在自己膝蓋上，用些白礬灑在腳縫內，將五個腳趾緊緊靠在一處，又將腳面盡力曲作彎弓一般，即用白綾纏裹；才纏了兩層，就有宮娥拿著針線上來密密縫口；一面狠纏，一面密縫。林之洋身旁既有四個宮娥緊緊靠定，又被兩個宮娥把腳扶住，絲毫不能轉動。及至纏完，只覺腳上如碳火燒的一般，陣陣疼痛。不覺一陣心酸，放聲大哭道：「坑死俺了！」兩足纏過，衆宮娥草草做了一雙軟底大紅鞋替他穿上。

整個情節看來都是荒謬的，然而正是這種表面的荒謬，有力地提醒讀者：司空見慣的生活現象本質上卻是如此殘忍和不人道！是的，在我們這個天朝上國裡，婦女裹足的境遇「自古如此」，人們麻木了，遲鈍了，感覺不到其中的血腥味。現在一經點醒，眞是震聾發聵。

也許應該說明，袁枚反對裹足，主要是出於「憐香惜玉」，與李汝珍「救時弊」的人生態度有別。但無論動機如何，反對裹足總是合理的，體現了一種健康的審美情趣。只有「賤丈夫」才熱衷於所謂「三寸金蓮」。

可憐薄命作君王

文人與政治家，其才具相異，一人很難兼備。

《隨園詩話》補遺卷三第二五則載：

宋太祖曰：「李煜好個翰林學士，可惜無才作人主耳！」秀才郭麐〈南唐雜詠〉云：「我思昧昧最神傷，予季歸來更斷腸。作個才人眞絕代，可憐薄命作君王！」

郭麐堪稱別有會心。與袁枚同時的鄭板橋也有相近的看法，其〈南朝〉詩序云：「昔人謂陳後主、隋煬帝作翰林，自是當家本色。燮亦謂杜牧之、溫飛卿爲天子，亦足破國亡身。乃有幸而爲才人，不幸而有天位者，其遇不遇，不在尋常眼孔中也。」

鄭板橋與郭麐，他們都強調一點：文人與政治家，其才具相異，一人很難兼備。但中國文化卻不恰當地鼓勵讀書人一身而二任，以致造成了知識分子的畸形心態，也使部分天才人物涉足他本不該去的生活領域，弄得非常滑稽可笑。

陳後主、隋煬帝、李煜是三位身敗名裂的皇帝，不必多說了。在名垂千古的詩人中，李白也曾身陷尷尬的處境，恐怕一般讀者就不大了然了，這裡且多說幾句。

李白是位飄逸的詩仙，奔放豪爽，充滿詩情，足以傾倒一世；但他不滿足於僅僅做一位詩人。他更嚮往的是當宰相，「申管晏之談，謀帝王之術，奮其智能，願為輔弼，使區宇大定，海縣清一。」

無宰相之識而抱宰相之志，其後果是不妙的。安史之亂爆發的第二年（七五六），李白五十六歲，在廬山隱居。這年七月，太子李亨在靈武即位為肅宗，九月，肅宗之弟、永王李璘離開他的駐防地，到了江陵，十二月起兵東下，路過廬山時，請李白參加他的幕府。從李白〈永王東巡歌〉中「樓船跨海次揚都」、「更取金陵作小山」的詩句，可見李白是明瞭李璘的意圖的：永王意在占領由唐王朝直接統治的揚州、南京。這不是明目張膽的叛亂嗎？李白興高彩烈地加入這支叛亂隊伍，結果成了唐王朝的「逆臣」，永王兵敗後，他因此被流放夜郎（今貴州東部）。好在唐王朝對文人寬厚，否則他是不可能中途遇赦的。

李白沒有身敗名裂，這是他的幸運。但他畢竟未能逃脫「識度甚淺」的批評。南宋陸游《老學庵筆記》卷六說：

世言荆公《四家詩》，後李白，以其十首九首說酒及婦人，恐非荆公之言。白詩樂府外，及婦人者實少，言酒固多，比之陶淵明輩，亦未為過。此乃讀白詩不熟者，妄立此論耳。《四家詩》未必有次序，使誠不喜白，當自有故。蓋白識度甚淺。觀其詩中如：「中宵出飲三百杯，明朝歸揖二千石」、「揄揚九重萬乘主，謔浪赤墀金鎖賢」、「王公大人借顏色，金章紫綬來相趨」、「一別蹉跎朝市間，青雲之交不可攀」、「歸來入咸陽，談笑皆王公」、「高冠佩雄劍，長揖韓荊州」之類，淺陋有索客之風。集中此等語至多，世俱以其詞豪俊動人，故不深考耳。又如以布衣得一翰林供奉，此何足道，遂云：「當時笑我微賤者，卻來請謁為交親。」宜其終身坎壈也。

陸游沒有指責李白參加永王李璘的叛亂隊伍一事，但據以立論的仍是政治家的標準，因為，如果一個人如此容易興奮，如此容易得意忘形，那是不配作政治家的。而僅僅做一名單純的文人卻不一定必須具備陸游所說的「識度」。

所以，本篇的結論是：陸游用政治家的標準來批評李白「識度甚淺」，不算冤案；但政治上的「識度甚淺」並不影響李白的第一流文學家的地位。文人與政治家，其才具是有區別的，萬不可混為一談。

論女禍

美人實無罪，溺者自亡身。佛罪逮花鳥，何獨憎美人？

袁枚〈張麗華〉詩云：

結綺樓邊花怨春，青溪柵上月傷神。
可憐褒妲逢君子，都是〈周南〉傳裡人。

張麗華是南朝陳後主寵幸的貴妃。陳後主在光昭殿前建臨春、結綺、望仙三閣，備極華麗。後主自居臨春閣，張麗華居結綺閣。隋軍破陳，後主與張麗華一起避入井中，被俘殺於青溪。褒姒是周幽王后，妲己是商紂王后。相傳她們是使商和西周亡國的禍首。歷史上把張麗華和她們一樣視爲亡人之國的女禍。袁枚不贊成這種流俗之見，認爲她們如果碰上好的國君，照樣可以成爲〈詩經‧周南〉篇中所歌詠的那種有德的后妃。

袁枚反對將亡國之責加在女人身上，這一見解在《隨園詩話》卷三第七六則中表達得更爲明晰：

女寵雖自古爲患，而地道無成，其過終在男子。使太宗不死，武氏何能爲禍？李白云：「若教管仲身常在，宮內何妨更六人。」楊誠齋云：「但願君王誅宰嚭，不愁宮裡有西施。」唐人〈詠明皇〉云：「姚、宋不亡妃子在，胡塵那得到中華？」僖宗〈幸蜀〉詩云：「地下阿瞞應有話，這回休更怨楊妃。」范同叔云：「吳國若教丞相在，越王空送美人來。」此數首，皆爲美人開脫。余〈詠陳宮〉云：「若教褒、妲逢君子，都是〈周南〉傳裡人。」亦此意也。

這則詩話中有一處錯誤：所引楊誠齋詩，實爲王安石詠〈宰嚭〉七絕第三、四句。然而王安石是袁枚特別不喜歡的作者，而楊誠齋則是袁枚格外推崇的詩人。

這則詩話極力爲美人開脫罪責，明白暢達，堪稱筆下生風。當然，同樣的意思，在他之前還有不少人說過。如唐崔道融〈西施灘〉：「宰嚭亡吳國，西施被惡名。」唐羅隱（一作狄歸昌）〈題馬嵬驛〉：「馬嵬煙柳正依依，重見鑾輿幸蜀歸。泉下阿瞞應有語，者回休更怨楊妃。」又〈西施〉：「西施若解傾吳國，越國亡來又是誰。」唐韋莊〈立春、庚子年冬大駕幸蜀後作〉：「今日不關妃妾事，始知辜負馬嵬人。」宋張功父〈姑蘇懷古〉：「宰嚭若能容國士，西施那解誤君王。」宋周公謹〈姑蘇台〉：「堪笑吳儈太痴絕，不仇宰嚭恨西施。」淸徐芳〈褒姒論〉：「天下美婦人多矣，豈盡亡人之國者？呂雉、賈南風，一老一短黑，以亂天下有餘也。使遇文王、太公，姒雖美，宮中一姬耳。」諸如此類的言論，正如錢鍾書所說：「已成詠史翻案套語。」但袁枚從憐香惜玉的動機出發，爲美女開脫，仍具個性。

最後，我們來讀讀晚於袁枚的詩人張問陶的〈美人篇〉，權作結尾：

美人實無罪，溺者自亡身。
佛罪逮花鳥，何獨憎美人？

草非礙足不芟

以藝術化的眼光來看待草和蛙，較之以功利的標準來衡量面前一切，其高下自別，其意味自殊。

尹似村〈小國絕句〉云：「春草自來芟不盡，與花無礙不妨多。」深得司馬溫公之心，而其所云「草非礙足不芟」則包容萬千氣象。

這是《隨園詩話》卷二第七四則。讀這則詩話，想起一個令人不太舒服的故事。

蜀漢張裕，字南和，曉占候，曾任州後部司馬。劉備欲爭漢中，張裕諫曰：「軍必不利。」劉備不用其言。張裕私下對人說：「歲在庚子，劉氏祚盡。」劉備一向怒其不遜，這次抓住把柄，欲處以死刑。諸葛亮爲張裕求情，劉備道：「芳蘭生門，不得不鋤。」諸葛亮遂無話可說。

司馬光（溫公）說：「草非礙足不芟。」劉備說：「芳蘭生門，不得不鋤。」前者有包容氣象，後者有偏狹之嫌。但無論包容還是偏狹，司馬光和劉備都以維護自身的利益或權威爲出發點，二者實際上是一致的，掉換雙方的位置，他們極有可能說出對方說過的話。

與他們相比，南齊孔稚圭無疑可愛得多。相傳。他宅院裡的草，深可沒人，院南有山池，春日群蛙爭鳴。一次，僕射王晏吹吹打打著去拜訪他，聽見青蛙亂叫，說：「這聲音可眞吵人。」孔稚圭悠然地答腔道：「聽你的儀仗鼓樂，覺得比這還要鬧人些。」

以藝術化的眼光來看待草和蛙，較之以功利的標準來衡量面前一切，其高下自別，其意味自殊。

毀譽難憑

歷史品評，一評史事、一評時人，俱皆毀譽難憑。

《隨園詩話》卷六第一〇〇則載：

王陽明集中云：「正德庚辰八月，夢見郭璞，極言王導奸邪在王敦之上。故公詩責導云：『事成同享帝王貴，事敗仍爲顧命臣。』璞亦有詩云：『倘其爲我一表揚，萬世萬世萬萬世。』」余按此說，與蘇子瞻夢中人告以唐楊綰之好殺；陶貞白〈眞誥〉言晉太尉郗鑒之貪酷：皆與史冊相反。

袁枚所謂「與史冊相反」，意在向讀者暗示：正史對歷史人物的毀譽不一定可靠。這使人想起南宋陸游《渭南文集》卷三十一中的兩篇題跋。一篇是〈跋李衛公集〉：韋執誼之爲人，《順宗實錄》及《唐書》載之甚詳，正人所唾罵也。今觀李衛公祭文，稱譽之乃如此。衛公之言固過矣，史官所書無乃亦有溢惡者乎？毀譽之可疑如此者多矣，可勝嘆哉！一篇是〈跋石鼓文辨〉：「予紹興庚辰、辛巳間，在朝路，識鄭漁仲，好古博識，誠佳士也，然朝論多排詆之。」

這兩篇題跋，一評史事，一評時人，但都強調了「毀譽之可疑」。這種毀譽難憑的情形，令陸游深深不滿。

英國一位時裝專家曾指出服裝嬗替中的一個有趣現象。據這位專家介紹：一個人穿著離它時興還有五年的服裝時，將被認爲是不道德的；在時興的三年前穿著，會被認爲是招搖過市；提前一年穿著，會被視爲大膽行爲；在時興的當年穿著，則給人異常完美之感；時興一年後再穿，又顯得土里土氣了；五年後再穿，更顯得可怕；但三十年後再穿，又顯得具有創新精神了。同樣的服裝，而招致的毀譽卻變化無常；世情大略如此，根本不必認眞對待。

至於陸游，他慨嘆「毀譽之可疑」，則是有感而發。他自號「放翁」，本來就含有與輿論抗爭的意味。有趣的是，對陸游的毀譽，後世也莫衷一是。比如，陸游曾爲一度把持朝政的韓侂胄寫〈閱古泉記〉、〈南園記〉，這引起了許多批評。但袁枚《書陸游傳後》則極力爲陸游辯護。

《宋史》稱陸游爲侂胄記南園，見譏淸議，余嘗冤之。夫侂胄，魏公孫，智小而謀大，不過《易》所稱折足之鼎耳，非宦寺流也。南園成，延游（陸游）爲記，出所寵四夫人侑酒，游感其意，爲文加規，勸其禔躬活民，毋忘先人之德。在侂胄，親仁；在游，勸善，俱無所謂非。宋儒以惡侂胄故，波及於遊。然則據宋儒之意，必使侂胄鏟除善念，不許親近一正人；而爲正人者，又必視若洪水猛獸，望望然去了。嗚呼！此宋以後清流之禍，所以延至明季而愈烈也。

兩造相爭，是宋儒對呢？還是袁枚對？毀譽難憑，官司看來還得打下去。

袁枚的人生哲學 中國人生叢書13

主　　編／揚　帆
著　　者／陳文新
出 版 者／揚智文化事業股份有限公司
發 行 人／林智堅
副總編輯／葉忠賢
責任編輯／賴筱彌
執行編輯／范維君
文字編輯／鄭美珠
地　　址／台北市新生南路三段88號5樓之6
電　　話／（02）366－0309　366－0313
傳　　眞／（02）366－0310
登 記 證／局版臺業字第4799號
印　　刷／偉勵彩色印刷股份有限公司
法律顧問／聲威法律事務所　陳慶尙律師
初版一刷／1995年12月
ISBN／957－9272－41－7
定　　價／300元

南區總經銷／昱泓圖書有限公司
地　　址／嘉義市通化四街45號
電　　話／（05）231－1949　231－1572
傳　　眞／（05）231－1002

國立中央圖書館出版品預行編目資料

袁枚的人生哲學：率性人生 / 陳文新著. －－初版.
－－臺北市：揚智文化，1995〔民84〕
面；公分. －－（中國人生叢書；13）
ISBN 957－9272－41－7（平裝）

1.（清）袁枚－學術思想－哲學　2.人生哲學

127.5　　　　　　84010709